技工院校汽车类专业（中级技能层级）

中等职业学校汽车类专业

汽车底盘构造与维修（第三版）工作页

刁鹏瑜　主编

中国劳动社会保障出版社

简介

本工作页是技工院校汽车类专业教材（中级技能层级）/ 中等职业学校汽车类专业教材《汽车底盘构造与维修（第三版）》的配套用书，按照教材的任务顺序编写，用于教学中实训过程的学习、记录与评价。本工作页关注学生的学习过程，强调知识、技能的同步提升，每个任务都包含“任务目标”“任务准备”“任务实施”“考核评价”等环节，适合汽车类专业教学使用。

本工作页由刁鹏瑜任主编，赵龙阳任副主编，张月星、傅伟、李洋、李志远、张海峰参与编写，邹龙军审稿。

图书在版编目（CIP）数据

汽车底盘构造与维修（第三版）工作页 / 刁鹏瑜主编. -- 北京 : 中国劳动社会保障出版社，2025.（技工院校汽车类专业 : 中级技能层级）. -- ISBN 978-7-5167-6917-1

Ⅰ. U463.103; U472.41

中国国家版本馆 CIP 数据核字第 20250J32G4 号

中国劳动社会保障出版社出版发行

（北京市惠新东街 1 号　邮政编码：100029）

*

北京市鑫霸印务有限公司印刷装订　　新华书店经销

787 毫米 × 1092 毫米　16 开本　9.5 印张　185 千字

2025 年 3 月第 1 版　　2025 年 3 月第 1 次印刷

定价：19.00 元

营销中心电话：400-606-6496

出版社网址：https://www.class.com.cn

https://jg.class.com.cn

目录

项目一

汽车底盘总体认知

一、任务目标

1. 能正确查阅维修手册，从实训车辆上确认汽车底盘各主要组成部件的安装位置。

2. 能在作业过程中严格执行“8S”管理规定（整理、整顿、清扫、清洁、素养、安全、节约、学习）。

二、任务准备

1. 实训场地

（1）实训场地应明亮、卫生、整洁。

（2）实训车辆应停放在规定位置。

2. 实训器材

根据任务要求，准备好相关的实训器材，清点核对后将检查结果记录在表1–0–1中。

表1–0–1　　实训器材清单

序号	名称	说明	检查结果
1	举升机		
2	工具车	配备常用工具	
3	零件车		
4	工作台		
5	维修手册	与实训车辆相匹配	
6	手电筒		
7	车内四件套		

续表

序号	名称	说明	检查结果
8	车外三件套		
9	抹布		
10	钢板尺		
11	车轮挡块		

3. 安全防护

（1）实训人员应着工装。

（2）实训车辆必须做好防护措施，确保车辆举升安全可靠。

（3）操作过程应规范、标准，设备使用应严格遵守操作规程，注意人身和设备安全。

三、任务实施

表 1–0–2　汽车底盘各主要组成部件的查找

班级		姓名	
一、车辆信息			
车型		VIN 码	
行驶里程		外观检查	
二、操作过程			

序号	操作内容	情况记录
1	车辆安全防护	车轮挡块： 车外三件套： 车内四件套： 驻车制动、挡位： 车辆举升位置：
2	确认离合器的安装位置	是否准确查找到部件：
3	确认变速器的安装位置	是否准确查找到部件：
4	确认主减速器、差速器的安装位置	是否准确查找到部件：
5	确认万向传动装置部件的安装位置	是否准确查找到部件：

续表

序号	操作内容	情况记录
6	确认车架的位置	是否准确查找到部件：
7	确认车桥的安装位置	是否准确查找到部件：
8	确认车轮的安装位置	是否准确查找到部件：
9	确认悬架的安装位置	是否准确查找到部件：
10	确认转向盘的安装位置	是否准确查找到部件：
11	确认转向器的安装位置	是否准确查找到部件：
12	确认转向传动机构部件的安装位置	是否准确查找到部件：
13	确认制动踏板的安装位置	是否准确查找到部件：
14	确认真空助力器的安装位置	是否准确查找到部件：
15	确认制动总泵的安装位置	是否准确查找到部件：
16	确认车轮制动器的安装位置	是否准确查找到部件：
17	按照“8S”管理规定整理实训场地	

三、任务总结

（对任务完成情况、技术要点、操作注意事项、存在问题等进行总结）

四、考核评价

表 1-0-3 考核评价表

班级				姓名		
序号	项目	内容	评价标准	配分	评价记录	得分
1	任务准备	实训场地	1. 实训场地明亮、卫生、整洁 2. 实训车辆停放在规定位置	2		
		实训器材	正确检查工具	1		
			正确检查仪器设备	1		
			工具、仪器设备摆放规范	1		
		安全防护	着装规范	1		
			规范安装车内四件套	2		
			规范安装车外三件套	2		
2	任务实施	汽车底盘各主要组成部件的查找	能准确确认离合器的安装位置	6		
			能准确确认变速器的安装位置	5		
			能准确确认主减速器、差速器的安装位置	6		
			能准确确认万向传动装置部件的安装位置	6		
			能准确确认车架的位置	5		
			能准确确认车桥的安装位置	6		
			能准确确认车轮的安装位置	5		
			能准确确认悬架的安装位置	6		
			能准确确认转向盘的安装位置	5		
			能准确确认转向器的安装位置	6		
			能准确确认转向传动机构部件的安装位置	6		
			能准确确认制动踏板的安装位置	5		
			能准确确认真空助力器的安装位置	6		

续表

序号	项目	内容	评价标准	配分	评价记录	得分
2	任务实施	汽车底盘各主要组成部件的查找	能准确确认制动总泵的安装位置	6		
			能准确确认车轮制动器的安装位置	6		
3	职业素养	“8S”管理	能遵循“8S”管理规定	5		
4	安全生产	1. 因违规操作导致工具、设备损坏，扣 10 分 2. 因违规操作导致触电、火灾和其他安全事故，以及设备重大损坏，记 0 分				
总评						

教师签名：　　　　　　　　　　　　　　　　考核日期：

项目二 传动系构造与维修

任务1 离合器的结构与维修

实训课题1 离合器的维护

一、任务目标

1. 能正确查阅维修手册，熟练使用钢板尺等工具，规范完成离合器踏板自由行程的检查与调整及液压式操纵机构的空气排放。

2. 能在作业过程中严格执行“8S”管理规定。

二、任务准备

1. 实训场地

（1）实训场地应明亮、卫生、整洁。

（2）实训车辆应停放在规定位置。

2. 实训器材

根据任务要求，准备好相关的实训器材，清点核对后将检查结果记录在表2-1-1中。

表2-1-1 实训器材清单

序号	名称	说明	检查结果
1	举升机		
2	工具车	配备常用工具	
3	零件车		
4	工作台		

续表

序号	名称	说明	检查结果
5	维修手册	与实训车辆相匹配	
6	头灯		
7	车内四件套		
8	车外三件套		
9	抹布		
10	车轮挡块		

3. 安全防护

（1）实训人员应着工装。

（2）实训车辆必须做好防护措施，确保车辆举升安全可靠。

（3）操作过程应规范、标准，设备使用应严格遵守操作规程，注意人身和设备安全。

三、任务实施

表 2–1–2　离合器踏板自由行程的检查与调整及液压式操纵机构的空气排放

<table>
<tr><td>班级</td><td colspan="2"></td><td>姓名</td><td></td></tr>
<tr><td colspan="5">一、车辆信息</td></tr>
<tr><td>车型</td><td colspan="2"></td><td>VIN 码</td><td></td></tr>
<tr><td>行驶里程</td><td colspan="2"></td><td>外观检查</td><td></td></tr>
<tr><td colspan="5">二、操作过程</td></tr>
<tr><td>序号</td><td colspan="2">操作内容</td><td colspan="2">情况记录</td></tr>
<tr><td>1</td><td colspan="2">车辆安全防护</td><td colspan="2">车轮挡块：
车外三件套：
车内四件套：
驻车制动、挡位：
车辆举升位置：</td></tr>
<tr><td>2</td><td colspan="2">测量离合器踏板完全放松时的高度，轻按离合器踏板至有较大阻力时，再次测量离合器踏板的高度</td><td colspan="2">记录两次测量值：</td></tr>
</table>

续表

序号	操作内容	情况记录
3	计算出离合器踏板的自由行程	自由行程数值： 标准数值范围： 是否需要调整：
4	调整液压式操纵机构离合器踏板的自由行程	使用工具： 调整结果：
5	调整绳索传动式操纵机构离合器踏板的自由行程	使用工具： 调整结果：
6	检查储液罐内的液面位置，安装放气软管	液面位置： 是否需要补充：
7	踩动离合器踏板数次，然后踩下至最大行程保持不动，完成液压式操纵机构的空气排放	使用工具： 排放结果：
8	拧紧放气塞，添加制动液	添加后制动液位置：
9	按照“8S”管理规定整理实训场地	

三、任务总结

（对任务完成情况、技术要点、操作注意事项、存在问题等进行总结）

四、考核评价

表 2–1–3　　考核评价表

<table>
<tr><td colspan="3">班级</td><td></td><td>姓名</td><td colspan="2"></td></tr>
<tr><th>序号</th><th>项目</th><th>内容</th><th>评价标准</th><th>配分</th><th>评价记录</th><th>得分</th></tr>
<tr><td rowspan="7">1</td><td rowspan="7">任务准备</td><td>实训场地</td><td>1. 实训场地明亮、卫生、整洁
2. 实训车辆停放在规定位置</td><td>2</td><td></td><td></td></tr>
<tr><td rowspan="3">实训器材</td><td>正确检查工具</td><td>1</td><td></td><td></td></tr>
<tr><td>正确检查仪器设备</td><td>1</td><td></td><td></td></tr>
<tr><td>工具、仪器设备摆放规范</td><td>1</td><td></td><td></td></tr>
<tr><td rowspan="3">安全防护</td><td>着装规范</td><td>1</td><td></td><td></td></tr>
<tr><td>规范安装车内四件套</td><td>2</td><td></td><td></td></tr>
<tr><td>规范安装车外三件套</td><td>2</td><td></td><td></td></tr>
<tr><td rowspan="10">2</td><td rowspan="10">任务实施</td><td rowspan="3">离合器踏板自由行程的检查与调整</td><td>正确测量离合器踏板自由行程</td><td>10</td><td></td><td></td></tr>
<tr><td>正确调整离合器踏板自由行程</td><td>10</td><td></td><td></td></tr>
<tr><td>二次检查与测量离合器踏板自由行程</td><td>10</td><td></td><td></td></tr>
<tr><td rowspan="7">液压式操纵机构的空气排放</td><td>正确检查储液罐内液面高度</td><td>5</td><td></td><td></td></tr>
<tr><td>正确连接放气软管</td><td>10</td><td></td><td></td></tr>
<tr><td>规范踩动离合器踏板</td><td>10</td><td></td><td></td></tr>
<tr><td>正确旋松及拧紧放气塞</td><td>10</td><td></td><td></td></tr>
<tr><td>正确排放液压式操纵机构的空气</td><td>10</td><td></td><td></td></tr>
<tr><td>及时添加制动液</td><td>5</td><td></td><td></td></tr>
<tr><td>规范使用工具</td><td>5</td><td></td><td></td></tr>
<tr><td>3</td><td>职业素养</td><td>“8S”管理</td><td>能遵循“8S”管理规定</td><td>5</td><td></td><td></td></tr>
<tr><td>4</td><td>安全生产</td><td colspan="3">1. 因违规操作导致工具、设备损坏，扣 10 分
2. 因违规操作导致触电、火灾和其他安全事故，以及设备重大损坏，记 0 分</td><td></td><td></td></tr>
<tr><td colspan="5">总评</td><td></td><td></td></tr>
</table>

教师签名：　　　　考核日期：

实训课题 2　离合器的拆卸

一、任务目标

1. 能正确查阅维修手册，熟练使用工具，规范完成整车离合器的拆卸。
2. 能在作业过程中严格执行“8S”管理规定。

二、任务准备

1. 实训场地

（1）实训场地应明亮、卫生、整洁。

（2）实训车辆应停放在规定位置。

2. 实训器材

根据任务要求，准备好相关的实训器材，清点核对后将检查结果记录在表 2–1–4 中。

表 2–1–4　实训器材清单

序号	名称	说明	检查结果
1	举升机		
2	工具车	配备常用工具	
3	零件车		
4	工作台		
5	维修手册	与实训车辆相匹配	
6	头灯		
7	车内四件套		
8	车外三件套		
9	抹布		
10	安全帽		
11	发动机和变速器举升装置		
12	车轮挡块		

3. 安全防护

（1）实训人员应着工装。

（2）实训车辆必须做好防护措施，确保车辆举升安全可靠。

（3）操作过程应规范、标准，设备使用应严格遵守操作规程，注意人身和设备安全。

三、任务实施

表 2-1-5　　离合器的拆卸

<table>
<tr><td colspan="2">班级</td><td></td><td>姓名</td><td></td></tr>
<tr><td colspan="5">一、车辆信息</td></tr>
<tr><td>车型</td><td colspan="2"></td><td>VIN 码</td><td></td></tr>
<tr><td>行驶里程</td><td colspan="2"></td><td>外观检查</td><td></td></tr>
<tr><td colspan="5">二、操作过程</td></tr>
<tr><td>序号</td><td colspan="2">操作内容</td><td colspan="2">情况记录</td></tr>
<tr><td>1</td><td colspan="2">车辆安全防护</td><td colspan="2">车轮挡块：
车外三件套：
车内四件套：
驻车制动、挡位：
车辆举升位置：</td></tr>
<tr><td>2</td><td colspan="2">从整车上拆卸变速器（详细步骤见后面任务变速器的拆卸）</td><td colspan="2">拆卸工具：
注意事项：</td></tr>
<tr><td>3</td><td colspan="2">用专用工具固定离合器从动盘和飞轮</td><td colspan="2">固定方法：
固定工具：</td></tr>
<tr><td>4</td><td colspan="2">拆卸离合器与飞轮的连接螺栓并取下</td><td colspan="2">拆卸工具：
拆卸方法：</td></tr>
<tr><td>5</td><td colspan="2">拆卸离合器、从动盘及压盘总成</td><td colspan="2">拆卸工具：
注意事项：</td></tr>
<tr><td>6</td><td colspan="2">按照“8S”管理规定整理实训场地</td><td colspan="2"></td></tr>
</table>

续表

三、任务总结
（对任务完成情况、技术要点、操作注意事项、存在问题等进行总结）

四、考核评价

表 2-1-6 考核评价表

班级				姓名		
序号	项目	内容	评价标准	配分	评价记录	得分
1	任务准备	实训场地	1. 实训场地明亮、卫生、整洁 2. 实训车辆停放在规定位置	2		
		实训器材	正确检查工具	1		
			正确检查仪器设备	1		
			工具、仪器设备摆放规范	1		
		安全防护	着装规范	1		
			规范安装车内四件套	2		
			规范安装车外三件套	2		

续表

序号	项目	内容	评价标准	配分	评价记录	得分
2	任务实施	离合器的拆卸	正确拆卸变速器	30		
			正确固定离合器从动盘和飞轮	20		
			正确拆卸离合器紧固螺栓	20		
			正确拆卸离合器、从动盘及压盘总成	10		
			规范使用工具	5		
3	职业素养	“8S”管理	能遵循“8S”管理规定	5		
4	安全生产	1. 因违规操作导致工具、设备损坏，扣 10 分 2. 因违规操作导致触电、火灾和其他安全事故，以及设备重大损坏，记 0 分				
总评						

教师签名：　　　　　　　　　　　　　考核日期：

实训课题 3　离合器的检修

一、任务目标

1. 能正确查阅维修手册，熟练使用工具，规范完成离合器的检修。
2. 能在作业过程中严格执行“8S”管理规定。

二、任务准备

1. 实训场地

（1）实训场地应明亮、卫生、整洁。

（2）实训车辆应停放在规定位置。

2. 实训器材

根据任务要求，准备好相关的实训器材，清点核对后将检查结果记录在表 2–1–7 中。

表 2–1–7　　　　实训器材清单

序号	名称	说明	检查结果
1	工具车	配备常用工具	
2	零件车		

续表

序号	名称	说明	检查结果
3	工作台		
4	维修手册	与实训车辆相匹配	
5	头灯		
6	车内四件套		
7	车外三件套		
8	抹布		
9	游标卡尺及塞尺		
10	刀口尺		

3. 安全防护

（1）实训人员应着工装。

（2）操作过程应规范、标准，设备使用应严格遵守操作规程，注意人身和设备安全。

三、任务实施

表 2–1–8　　　　离合器的检修

班级		姓名	
一、车辆信息			
车型		VIN 码	
行驶里程		外观检查	
二、操作过程			

序号	操作内容	情况记录
1	操作场地设备安全检查	是否符合安全规定：
2	检查从动盘摩擦片	检查标准： 是否更换：
3	从动盘摩擦片厚度测量	测量工具： 测量值： 标准值： 是否更换：

续表

序号	操作内容	情况记录
4	检查压盘表面粗糙度	测量值： 标准值： 是否更换：
5	检查压盘平面度	测量值： 标准值： 是否更换：
6	检查离合器盖与飞轮接合面的平面度	测量值： 标准值： 是否更换：
7	检查膜片弹簧的磨损程度	测量值： 标准值： 是否更换：
8	检查膜片弹簧的变形	测量值： 标准值： 是否更换：
9	检查分离轴承	检查标准： 是否更换：
10	按照“8S”管理规定整理实训场地	

三、任务总结

（对任务完成情况、技术要点、操作注意事项、存在问题等进行总结）

四、考核评价

表 2–1–9　　考核评价表

班级				姓名		
序号	项目	内容	评价标准	配分	评价记录	得分
1	任务准备	实训场地	1. 实训场地明亮、卫生、整洁 2. 实训车辆停放在规定位置	2		
		实训器材	正确检查工具	2		
			正确检查仪器设备	2		
			工具、仪器设备摆放规范	2		
		安全防护	着装规范	2		
2	任务实施	离合器的检修	正确找出离合器故障点	10		
			正确测量从动盘摩擦片的磨损程度	10		
			正确检查压盘表面粗糙度	10		
			正确检查压盘平面度	10		
			正确检查离合器盖与飞轮接合面	10		
			正确检查膜片弹簧的磨损程度	10		
			正确检查膜片弹簧的变形	10		
			正确检查分离轴承	10		
			规范使用工具	5		
3	职业素养	“8S”管理	能遵循“8S”管理规定	5		
4	安全生产	1. 因违规操作导致工具、设备损坏，扣 10 分 2. 因违规操作导致触电、火灾和其他安全事故，以及设备重大损坏，记 0 分				
总评						

教师签名：　　　　　　　　　　考核日期：

实训课题 4 离合器的安装

一、任务目标

1. 能正确查阅维修手册，熟练使用工具，规范完成整车离合器的安装。
2. 能在作业过程中严格执行“8S”管理规定。

二、任务准备

1. 实训场地

（1）实训场地应明亮、卫生、整洁。
（2）实训车辆应停放在规定位置。

2. 实训器材

根据任务要求，准备好相关的实训器材，清点核对后将检查结果记录在表 2–1–10 中。

表 2–1–10 实训器材清单

序号	名称	说明	检查结果
1	举升机		
2	工具车	配备常用工具	
3	零件车		
4	工作台		
5	维修手册	与实训车辆相匹配	
6	头灯		
7	车内四件套		
8	车外三件套		
9	抹布、润滑脂		
10	输入轴对孔校准器		
11	安全帽		
12	车轮挡块		

3. 安全防护

（1）实训人员应着工装。

（2）实训车辆必须做好防护措施，确保车辆举升安全可靠。

（3）操作过程应规范、标准，设备使用应严格遵守操作规程，注意人身和设备安全。

三、任务实施

表 2-1-11　　离合器的安装

<table>
<tr><td>班级</td><td colspan="2"></td><td>姓名</td><td></td></tr>
<tr><td colspan="5">一、车辆信息</td></tr>
<tr><td>车型</td><td colspan="2"></td><td>VIN 码</td><td></td></tr>
<tr><td>行驶里程</td><td colspan="2"></td><td>外观检查</td><td></td></tr>
<tr><td colspan="5">二、操作过程</td></tr>
<tr><td>序号</td><td colspan="2">操作内容</td><td colspan="2">情况记录</td></tr>
<tr><td>1</td><td colspan="2">车辆安全防护</td><td colspan="2">车轮挡块：
车外三件套：
车内四件套：
驻车制动、挡位：
车辆举升位置：</td></tr>
<tr><td>2</td><td colspan="2">清洁飞轮、压盘表面</td><td colspan="2">清洁标准：</td></tr>
<tr><td>3</td><td colspan="2">检查并清洁变速器输入轴花键</td><td colspan="2">检查标准：
是否涂抹润滑脂：</td></tr>
<tr><td>4</td><td colspan="2">检查并安装分离轴承</td><td colspan="2">检查标准：
使用工具：
规定力矩：</td></tr>
<tr><td>5</td><td colspan="2">清洁、检查从动盘花键</td><td colspan="2">检查标准：
使用工具：
规定力矩：
从动盘朝向：</td></tr>
<tr><td>6</td><td colspan="2">安装从动盘和离合器</td><td colspan="2">安装工具：
规定力矩：</td></tr>
<tr><td>7</td><td colspan="2">按照“8S”管理规定整理实训场地</td><td colspan="2"></td></tr>
</table>

续表

三、任务总结
（对任务完成情况、技术要点、操作注意事项、存在问题等进行总结）

四、考核评价

表 2–1–12　　　　考核评价表

<table>
<tr><td colspan="3">班级</td><td></td><td>姓名</td><td colspan="2"></td></tr>
<tr><td>序号</td><td>项目</td><td>内容</td><td>评价标准</td><td>配分</td><td>评价记录</td><td>得分</td></tr>
<tr><td rowspan="7">1</td><td rowspan="7">任务准备</td><td>实训场地</td><td>1. 实训场地明亮、卫生、整洁
2. 实训车辆停放在规定位置</td><td>2</td><td></td><td></td></tr>
<tr><td rowspan="3">实训器材</td><td>正确检查工具</td><td>1</td><td></td><td></td></tr>
<tr><td>正确检查仪器设备</td><td>1</td><td></td><td></td></tr>
<tr><td>工具、仪器设备摆放规范</td><td>1</td><td></td><td></td></tr>
<tr><td rowspan="3">安全防护</td><td>着装规范</td><td>1</td><td></td><td></td></tr>
<tr><td>规范安装车内四件套</td><td>2</td><td></td><td></td></tr>
<tr><td>规范安装车外三件套</td><td>2</td><td></td><td></td></tr>
</table>

续表

序号	项目	内容	评价标准	配分	评价记录	得分
2	任务实施	离合器的安装	正确清洁飞轮	5		
			正确清洁离合器压盘	5		
			正确清洁从动盘及花键	5		
			正确检查并清洁变速器输入轴花键	5		
			正确给变速器输入轴花键涂抹润滑脂	5		
			正确安装分离轴承	10		
			正确安装从动盘至变速器输入轴	5		
			正确检查从动盘安装方向标记	10		
			正确检查飞轮上的稳定销及离合器盖上的稳定销孔	10		
			正确使用专用对孔工具校准	10		
			正确拧紧离合器紧固螺栓	10		
			规范使用工具	5		
3	职业素养	“8S”管理	能遵循“8S”管理规定	5		
4	安全生产	1. 因违规操作导致工具、设备损坏，扣 10 分 2. 因违规操作导致触电、火灾和其他安全事故，以及设备重大损坏，记 0 分				
总评						

教师签名：　　　　　　　　　　　　考核日期：

任务 2　手动变速器的结构与维修

实训课题 1　变速器的维护

一、任务目标

1. 能正确查阅维修手册，熟练使用工具，规范完成手动变速器齿轮油的检查与更换。
2. 能在作业过程中严格执行“8S”管理规定。

二、任务准备

1. 实训场地

（1）实训场地应明亮、卫生、整洁。

（2）实训车辆应停放在规定位置。

2. 实训器材

根据任务要求，准备好相关的实训器材，清点核对后将检查结果记录在表 2–2–1 中。

表 2–2–1　　实训器材清单

序号	名称	说明	检查结果
1	举升机		
2	工具车	配备常用工具	
3	零件车		
4	工作台		
5	维修手册	与实训车辆相匹配	
6	头灯		
7	车内四件套		
8	车外三件套		
9	抹布		
10	安全帽		
11	气动齿轮油加注机		
12	小型空气压缩机		
13	变速器齿轮油		
14	废油接收机		
15	车轮挡块		

3. 安全防护

（1）实训人员应着工装。

（2）实训车辆必须做好防护措施，确保车辆举升安全可靠。

（3）操作过程应规范、标准，设备使用应严格遵守操作规程，注意人身和设备安全。

三、任务实施

表 2-2-2　齿轮油的检查与更换

班级		姓名	
一、车辆信息			
车型		VIN 码	
行驶里程		外观检查	
二、操作过程			
序号	操作内容	情况记录	
1	车辆安全防护	车轮挡块： 车外三件套： 车内四件套： 驻车制动、挡位： 车辆举升位置：	
2	检查齿轮油液面高度	液面高度： 是否需要补充：	
3	检查齿轮油的油质	检查标准： 是否更换：	
4	放出齿轮油	注意事项：	
5	检查放油螺塞及垫圈并紧固	检查标准： 是否更换：	
6	加注齿轮油	液面高度： 是否符合标准：	
7	检查各部位漏油情况	检查标准： 漏油部位记录： 处理措施：	
8	按照“8S”管理规定整理实训场地		

续表

三、任务总结
（对任务完成情况、技术要点、操作注意事项、存在问题等进行总结）

四、考核评价

表 2-2-3　　考核评价表

<table>
<tr><td colspan="3">班级</td><td></td><td>姓名</td><td colspan="2"></td></tr>
<tr><th>序号</th><th>项目</th><th>内容</th><th>评价标准</th><th>配分</th><th>评价记录</th><th>得分</th></tr>
<tr><td rowspan="7">1</td><td rowspan="7">任务准备</td><td>实训场地</td><td>1. 实训场地明亮、卫生、整洁
2. 实训车辆停放在规定位置</td><td>2</td><td></td><td></td></tr>
<tr><td rowspan="3">实训器材</td><td>正确检查工具</td><td>1</td><td></td><td></td></tr>
<tr><td>正确检查仪器设备</td><td>1</td><td></td><td></td></tr>
<tr><td>工具、仪器设备摆放规范</td><td>1</td><td></td><td></td></tr>
<tr><td rowspan="3">安全防护</td><td>着装规范</td><td>1</td><td></td><td></td></tr>
<tr><td>规范安装车内四件套</td><td>2</td><td></td><td></td></tr>
<tr><td>规范安装车外三件套</td><td>2</td><td></td><td></td></tr>
</table>

续表

序号	项目	内容	评价标准	配分	评价记录	得分
2	任务实施	齿轮油的检查与更换	正确拆卸齿轮油油位检查孔螺栓	5		
			正确检查齿轮油液面高度	5		
			正确检查齿轮油的油质	10		
			放出齿轮油前正确热车	5		
			正确拆卸放油螺塞并放出齿轮油	10		
			正确回收废油	5		
			齿轮油加注前正确检查齿轮油型号	5		
			正确操作齿轮油加注机	10		
			正确操作空气压缩机	10		
			齿轮油加注完毕正确检查液面高度	5		
			正确拧紧放油螺塞及进行漏油检查	10		
			规范使用工具	5		
3	职业素养	“8S”管理	能遵循“8S”管理规定	5		
4	安全生产	1. 因违规操作导致工具、设备损坏，扣10分 2. 因违规操作导致触电、火灾和其他安全事故，以及设备重大损坏，记0分				
总评						

教师签名： 考核日期：

实训课题2　变速器总成的拆装

一、任务目标

1. 能正确查阅维修手册，熟练使用工具，规范完成整车变速器总成的拆装。
2. 能在作业过程中严格执行“8S”管理规定。

二、任务准备

1. 实训场地

（1）实训场地应明亮、卫生、整洁。

（2）实训车辆应停放在规定位置。

2. 实训器材

根据任务要求，准备好相关的实训器材，清点核对后将检查结果记录在表 2-2-4 中。

表 2-2-4　　实训器材清单

序号	名称	说明	检查结果
1	举升机		
2	工具车	配备常用工具	
3	零件车		
4	工作台		
5	维修手册	与实训车辆相匹配	
6	头灯		
7	车内四件套		
8	车外三件套		
9	抹布		
10	安全帽		
11	变速器高位托架		
12	发动机抬架		
13	车轮挡块		

3. 安全防护

（1）实训人员应着工装。

（2）实训车辆必须做好防护措施，确保车辆举升安全可靠。

（3）操作过程应规范、标准，设备使用应严格遵守操作规程，注意人身和设备安全。

三、任务实施

表 2-2-5　变速器总成的拆装

班级		姓名	
一、车辆信息			
车型		VIN 码	
行驶里程		外观检查	
二、操作过程			
序号	操作内容	情况记录	
1	车辆安全防护	车轮挡块： 车外三件套： 车内四件套： 驻车制动、挡位： 车辆举升位置：	
2	断开蓄电池连接线	拆卸方法：	
3	拆卸两前轮及前轮外球笼锁紧螺母	拆卸要点： 拆卸工具：	
4	拆卸两前轮下控制臂连接螺栓，使外球笼与前悬架脱离	拆卸要点： 拆卸工具：	
5	拆卸内外球笼及半轴	拆卸要点： 拆卸工具：	
6	拆卸蓄电池托架、空气滤清器及变速器操纵机构外部连接	拆卸要点： 拆卸工具：	

续表

序号	操作内容	情况记录
7	拆卸离合器分泵管路，吊紧发动机，拆卸变速器上部与发动机的连接螺栓，拆卸变速器上部摆动支架	拆卸要点： 拆卸工具：
8	拆卸起动机、离合器分泵及小护板	拆卸要点： 拆卸工具：
9	拆卸下摆动支架，拆卸变速器下部与发动机的连接螺栓，使用变速器高位托架降下变速器	拆卸要点： 拆卸工具：
10	安装变速器至整车	安装要点： 安装工具： 规定力矩：
11	安装起动机、离合器分泵、小护板等	安装工具： 规定力矩：
12	安装摆动支架、蓄电池托架、空气滤清器及变速器操纵机构等	安装要点： 安装工具： 规定力矩：
13	安装半轴及球笼	安装要点： 安装工具： 规定力矩：
14	安装蓄电池及车轮	安装要点： 安装工具： 规定力矩：
15	按照“8S”管理规定整理实训场地	

续表

三、任务总结
（对任务完成情况、技术要点、操作注意事项、存在问题等进行总结）

四、考核评价

表 2–2–6 考核评价表

班级				姓名		
序号	项目	内容	评价标准	配分	评价记录	得分
1	任务准备	实训场地	1. 实训场地明亮、卫生、整洁 2. 实训车辆停放在规定位置	2		
		实训器材	正确检查工具	1		
			正确检查仪器设备	1		
			工具、仪器设备摆放规范	1		
		安全防护	着装规范	1		
			规范安装车内四件套	2		
			规范安装车外三件套	2		

续表

序号	项目	内容	评价标准	配分	评价记录	得分
2	任务实施	变速器总成的整车拆卸	正确断开蓄电池连接线	2		
			正确拆卸两前轮外球笼锁紧螺母	3		
			正确拆卸两前轮下控制臂连接螺栓，脱离外球笼与前悬架	5		
			正确拆卸内球笼	5		
			正确拆卸蓄电池托架、空气滤清器及变速器操纵机构外部连接	5		
			正确拆卸离合器分泵管路，吊紧发动机	5		
			正确拆卸变速器上部与发动机的连接螺栓及变速器上部摆动支架	5		
			正确拆卸起动机、离合器分泵及小护板	5		
			正确拆卸下摆动支架及变速器下部与发动机的连接螺栓	5		
			正确操作变速器高位托架，降下变速器	5		
		变速器总成的整车安装	正确举升车辆，使用变速器高位托架举升变速器	5		
			正确检查变速器壳体稳定销和发动机壳体稳定销孔，将变速器输入轴穿入离合器从动盘花键毂	5		
			正确安装变速器与发动机的下部连接螺栓、离合器分泵、起动机、小护板及下摆动支架	5		
			落车后正确安装变速器与发动机的上部连接螺栓、上摆动支架	5		
			拆下发动机抬架后，正确安装蓄电池托架、空气滤清器及变速器操纵机构	5		

续表

序号	项目	内容	评价标准	配分	评价记录	得分
2	任务实施	变速器总成的整车安装	正确安装两侧球笼、半轴及下控制臂紧固螺栓	5		
			正确安装蓄电池及正负极连接线、车轮及球笼锁紧螺母	5		
			规范使用工具	5		
3	职业素养	“8S”管理	能遵循“8S”管理规定	5		
4	安全生产	1. 因违规操作导致工具、设备损坏，扣 10 分 2. 因违规操作导致触电、火灾和其他安全事故，以及设备重大损坏，记 0 分				
总评						

教师签名：　　　　　　　　　　　　　　考核日期：

实训课题 3　二轴式变速器总成的拆检

一、任务目标

1. 能正确查阅维修手册，熟练使用工具，规范完成二轴式变速器总成的拆检。
2. 能在作业过程中严格执行“8S”管理规定。

二、任务准备

1. 实训场地

（1）实训场地应明亮、卫生、整洁。

（2）实训车辆应停放在规定位置。

2. 实训器材

根据任务要求，准备好相关的实训器材，清点核对后将检查结果记录在表 2–2–7 中。

表 2–2–7　实训器材清单

序号	名称	说明	检查结果
1	举升机		
2	工具车	配备常用工具	
3	零件车		

续表

序号	名称	说明	检查结果
4	工作台		
5	维修手册	与实训车辆相匹配	
6	专用工具	与实训变速器相匹配	
7	头灯		
8	车内四件套		
9	车外三件套		
10	抹布		
11	小型压力机		
12	车轮挡块		

3. 安全防护

（1）实训人员应着工装。

（2）实训车辆必须做好防护措施，确保车辆举升安全可靠。

（3）操作过程应规范、标准，设备使用应严格遵守操作规程，注意人身和设备安全。

三、任务实施

表 2-2-8　　二轴式变速器总成的拆检

<table>
<tr><td>班级</td><td colspan="2"></td><td>姓名</td><td colspan="2"></td></tr>
<tr><td colspan="6">一、车辆信息</td></tr>
<tr><td>车型</td><td colspan="2"></td><td>VIN 码</td><td colspan="2"></td></tr>
<tr><td>行驶
里程</td><td colspan="2"></td><td>外观检查</td><td colspan="2"></td></tr>
<tr><td colspan="6">二、操作过程</td></tr>
<tr><td>序号</td><td colspan="2">操作内容</td><td colspan="3">情况记录</td></tr>
<tr><td>1</td><td colspan="2">车辆安全防护</td><td colspan="3">车轮挡块：
车外三件套：
车内四件套：
驻车制动、挡位：
车辆举升位置：</td></tr>
</table>

续表

序号	操作内容	情况记录
2	拆卸变速器壳体罩盖、五挡齿轮及同步器	拆卸要点： 拆卸工具：
3	拆卸输入轴与输出轴的轴承座紧固螺栓及内拨叉架总成固定螺栓	拆卸要点： 拆卸工具：
4	拆卸导向衬套、分离杆、分离轴承及法兰轴	拆卸要点： 拆卸工具：
5	拆卸离合器壳体	拆卸要点： 拆卸工具：
6	拆卸差速器总成	拆卸要点： 拆卸工具：
7	拆卸内拨叉架总成的支撑销	拆卸要点： 拆卸工具：
8	拆卸换挡轴	拆卸要点： 拆卸工具：
9	整体拆卸输入轴、输出轴、轴承座、换挡机构及倒挡轴	拆卸要点： 拆卸工具：
10	拆卸轴承座支架	拆卸要点： 拆卸工具：

续表

序号	操作内容	情况记录
11	分解输入轴总成	分解要点： 分解工具：
12	分解输出轴总成	分解要点： 分解工具：
13	分解换挡拨叉总成	分解要点： 分解工具：
14	检查所有齿轮的损伤	是否有斑点、损伤： 磨损数值： 是否超出极限值： 是否更换：
15	检查齿轮与滚针轴承内座圈之间的间隙	测量间隙： 标准值： 是否更换：
16	检查输入轴和输出轴	是否有裂纹、断齿： 径向圆跳动量： 标准值： 是否更换：
17	检查同步器	是否有裂纹、断齿： 测量间隙： 标准值： 是否更换：
18	装配输入轴与输出轴	是否规范完成操作：
19	压装轴承座圈，组装拨叉、倒挡轴、变速传动机构	安装要点： 安装工具：
20	安装变速传动机构、内拨叉架、支撑销及倒挡轴	安装工具： 规定力矩：

续表

序号	操作内容	情况记录
21	安装换挡轴、轴承座圈	安装工具： 规定力矩：
22	安装五挡齿轮、同步器、弹性挡圈、换挡拨叉及变速器壳体罩盖	安装工具： 规定力矩：
23	安装差速器总成及离合器壳体	安装工具： 规定力矩：
24	安装两侧法兰轴、导向衬套	安装工具： 规定力矩：
25	按照“8S”管理规定整理实训场地	

三、任务总结

（对任务完成情况、技术要点、操作注意事项、存在问题等进行总结）

四、考核评价

表 2–2–9　　考核评价表

班级				姓名		
序号	项目	内容	评价标准	配分	评价记录	得分
1	任务准备	实训场地	1. 实训场地明亮、卫生、整洁 2. 实训车辆停放在规定位置	2		
		实训器材	正确检查工具	1		
			正确检查仪器设备	1		
			工具、仪器设备摆放规范	1		
		安全防护	着装规范	1		
			规范安装车内四件套	2		
			规范安装车外三件套	2		
2	任务实施	二轴式变速器总成的拆卸	正确拆卸变速器壳体罩盖、五挡齿轮及同步器	5		
			正确拆卸轴承座紧固螺栓、内拨叉架总成固定螺栓、导向衬套及法兰轴	3		
			正确拆卸离合器壳体	2		
			正确拆卸差速器总成	2		
			正确拆卸内拨叉架总成支撑销	2		
			正确拆卸换挡轴	2		
			正确将输入轴、输出轴与轴承座圈分离	3		
			正确分解输入轴总成	5		
			正确分解输出轴总成	5		
			正确分解换挡拨叉总成	2		
		二轴式变速器总成的检修	正确检查变速器齿轮	3		
			正确检查齿轮与滚针轴承内座圈的配合间隙	3		
			正确检查输入轴与输出轴	3		
			正确检查同步器	3		

续表

序号	项目	内容	评价标准	配分	评价记录	得分
2	任务实施	二轴式变速器总成的装配	正确装配输入轴	5		
			正确装配输出轴	5		
			正确装配轴承座圈	2		
			正确装配拨叉与倒挡机构	5		
			正确将变速传动机构和内拨叉架及倒挡轴安装到变速器壳体内	5		
			正确安装两侧内拨叉架支撑销	2		
			正确安装五挡齿轮、同步器及换挡拨叉机构	5		
			正确安装变速器壳体罩盖	2		
			正确安装差速器总成	2		
			正确安装离合器壳体	2		
			正确安装两侧法兰轴及导向衬套	2		
			规范使用工具	5		
3	职业素养	“8S”管理	能遵循“8S”管理规定	5		
4	安全生产	1. 因违规操作导致工具、设备损坏，扣10分 2. 因违规操作导致触电、火灾和其他安全事故，以及设备重大损坏，记0分				
总评						

教师签名：　　　　　　　　　　　　　　考核日期：

实训课题4　三轴式变速器总成的拆检

一、任务目标

1. 能正确查阅维修手册，熟练使用工具，规范完成三轴式变速器总成的拆检。
2. 能在作业过程中严格执行“8S”管理规定。

二、任务准备

1. 实训场地

（1）实训场地应明亮、卫生、整洁。

（2）实训车辆应停放在规定位置。

2. 实训器材

根据任务要求，准备好相关的实训器材，清点核对后将检查结果记录在表 2–2–10 中。

表 2–2–10　实训器材清单

序号	名称	说明	检查结果
1	举升机		
2	工具车	配备常用工具	
3	零件车		
4	工作台		
5	维修手册	与实训车辆相匹配	
6	头灯		
7	车内四件套		
8	车外三件套		
9	抹布		
10	小型压力机		
11	车轮挡块		

3. 安全防护

（1）实训人员应着工装。

（2）实训车辆必须做好防护措施，确保车辆举升安全可靠。

（3）操作过程应规范、标准，设备使用应严格遵守操作规程，注意人身和设备安全。

三、任务实施

表 2-2-11　　三轴式变速器总成的拆检

<table>
<tr><td>班级</td><td colspan="2"></td><td>姓名</td><td></td></tr>
<tr><td colspan="5">一、车辆信息</td></tr>
<tr><td>车型</td><td colspan="2"></td><td>VIN 码</td><td></td></tr>
<tr><td>行驶
里程</td><td colspan="2"></td><td>外观检查</td><td></td></tr>
<tr><td colspan="5">二、操作过程</td></tr>
<tr><td>序号</td><td colspan="2">操作内容</td><td colspan="2">情况记录</td></tr>
<tr><td>1</td><td colspan="2">车辆安全防护</td><td colspan="2">车轮挡块：
车外三件套：
车内四件套：
驻车制动、挡位：
车辆举升位置：</td></tr>
<tr><td>2</td><td colspan="2">拆卸变速器上端盖总成、倒挡开关、换挡拨叉支撑销等附件</td><td colspan="2">拆卸要点：

拆卸工具：</td></tr>
<tr><td>3</td><td colspan="2">拆卸前轴承盖、换挡机构自锁钢球与弹簧，以及输入轴与输出轴两侧的轴承弹性挡圈</td><td colspan="2">拆卸要点：

拆卸工具：</td></tr>
<tr><td>4</td><td colspan="2">拆卸变速器前后壳体</td><td colspan="2">拆卸要点：

拆卸工具：</td></tr>
<tr><td>5</td><td colspan="2">整体拆卸变速器换挡机构、输入轴、输出轴及中间轴</td><td colspan="2">拆卸要点：

拆卸工具：</td></tr>
<tr><td>6</td><td colspan="2">分解输出轴</td><td colspan="2">分解要点：

分解工具：</td></tr>
</table>

续表

序号	操作内容	情况记录
7	分解各挡位同步器	分解要点： 分解工具：
8	检查变速器壳体裂纹、螺纹孔与接合平面	是否有损伤： 是否更换： 测量间隙：
9	检查变速器轴承与轴承座孔	是否有磨损、裂纹、斑点： 测量值： 标准值： 是否更换：
10	检查变速器齿轮与同步器	是否有磨损、裂纹、斑点： 测量值： 标准值： 是否更换：
11	检查变速器轴	是否有磨损、裂纹、斑点： 测量值： 标准值： 是否更换：
12	检查变速杆与盖	是否有磨损、裂纹、斑点： 测量值： 标准值： 是否更换：
13	检查变速器换挡锁装置、换挡拨叉与拨叉轴	是否有磨损、裂纹、斑点： 测量值： 标准值： 是否更换：
14	组装同步器总成	组装要点： 组装工具：
15	组装输出轴总成	组装要点： 组装工具：

续表

序号	操作内容	情况记录
16	安装变速器后壳体、倒挡齿轮、倒挡轴	安装要点： 安装工具：
17	安装变速器前壳体、前后壳体轴承弹性挡圈、前轴承盖	安装要点： 安装工具：
18	安装变速器上端盖总成及倒挡开关等附件	安装要点： 安装工具： 规定力矩：
19	按照“8S”管理规定整理实训场地	

三、任务总结

（对任务完成情况、技术要点、操作注意事项、存在问题等进行总结）

四、考核评价

表 2-2-12　　考核评价表

班级				姓名		
序号	项目	内容	评价标准	配分	评价记录	得分
1	任务准备	实训场地	1. 实训场地明亮、卫生、整洁 2. 实训车辆停放在规定位置	2		
		实训器材	正确检查工具	1		
			正确检查仪器设备	1		
			工具、仪器设备摆放规范	1		
		安全防护	着装规范	1		
			规范安装车内四件套	2		
			规范安装车外三件套	2		
2	任务实施	三轴式变速器总成的拆卸	正确拆卸变速器上端盖总成、倒挡开关、换挡拨叉支撑销	5		
			正确拆卸前轴承盖	2		
			正确拆卸变速器自锁装置	3		
			正确拆卸变速器前后壳体	5		
			正确分解输出轴	5		
			正确分解各挡位同步器	5		
		三轴式变速器总成的检修	正确检查变速器壳体、螺纹孔与接合平面	5		
			正确检查变速器轴承与轴承座孔	5		
			正确检查变速器齿轮与同步器	5		
			正确检查变速器轴	5		
			正确检查变速杆与盖	5		
			正确检查变速器换挡锁装置、换挡拨叉与拨叉轴	5		

续表

序号	项目	内容	评价标准	配分	评价记录	得分
2	任务实施	三轴式变速器总成的装配	正确装配各挡位同步器	5		
			正确装配输出轴	5		
			正确装配变速器后壳体	2		
			正确装配倒挡轴及倒挡齿轮	3		
			正确装配变速器前壳体	2		
			正确装配前轴承盖	3		
			正确装配变速器上端盖总成	2		
			正确装配倒挡开关等附件	3		
			规范使用工具	5		
3	职业素养	“8S”管理	能遵循“8S”管理规定	5		
4	安全生产	1. 因违规操作导致工具、设备损坏，扣 10 分 2. 因违规操作导致触电、火灾和其他安全事故，以及设备重大损坏，记 0 分				
总评						

教师签名：　　　　　　　　　　　　　　　考核日期：

任务 3　自动变速器的结构与维修

实训课题 1　自动变速器油的检查

一、任务目标

1. 能正确查阅维修手册，熟练使用工具，规范完成自动变速器油的检查。
2. 能在作业过程中严格执行“8S”管理规定。

二、任务准备

1. 实训场地

（1）实训场地应明亮、卫生、整洁。

（2）实训车辆应停放在规定位置。

2. 实训器材

根据任务要求，准备好相关的实训器材，清点核对后将检查结果记录在表 2–3–1 中。

表 2–3–1　实训器材清单

序号	名称	说明	检查结果
1	举升机		
2	工具车	配备常用工具	
3	零件车		
4	工作台		
5	维修手册	与实训车辆相匹配	
6	头灯		
7	车内四件套		
8	车外三件套		
9	抹布		
10	自动变速器油		
11	车轮挡块		

3. 安全防护

（1）实训人员应着工装。

（2）实训车辆必须做好防护措施，确保车辆举升安全可靠。

（3）操作过程应规范、标准，设备使用应严格遵守操作规程，注意人身和设备安全。

三、任务实施

表 2–3–2 自动变速器油的检查

<table>
<tr><td>班级</td><td colspan="2"></td><td>姓名</td><td></td></tr>
<tr><td colspan="5">一、车辆信息</td></tr>
<tr><td>车型</td><td colspan="2"></td><td>VIN 码</td><td></td></tr>
<tr><td>行驶里程</td><td colspan="2"></td><td>外观检查</td><td></td></tr>
<tr><td colspan="5">二、操作过程</td></tr>
<tr><td>序号</td><td colspan="2">操作内容</td><td colspan="2">情况记录</td></tr>
<tr><td>1</td><td colspan="2">车辆安全防护</td><td colspan="2">车轮挡块：
车外三件套：
车内四件套：
驻车制动、挡位：
车辆举升位置：</td></tr>
<tr><td>2</td><td colspan="2">油液面高度的检查</td><td colspan="2">油液温度是否符合要求：
油液面高度是否符合要求：</td></tr>
<tr><td>3</td><td colspan="2">油质的检查</td><td colspan="2">油液杂质：
油液颜色：
油液气味：
是否更换：</td></tr>
<tr><td>4</td><td colspan="2">外部漏油的检查</td><td colspan="2">漏油部位：
处理措施：</td></tr>
<tr><td>5</td><td colspan="2">按照“8S”管理规定整理实训场地</td><td colspan="2"></td></tr>
<tr><td colspan="5">三、任务总结</td></tr>
<tr><td colspan="5">（对任务完成情况、技术要点、操作注意事项、存在问题等进行总结）</td></tr>
</table>

四、考核评价

表 2-3-3　　考核评价表

<table>
<tr><td colspan="3">班级</td><td></td><td>姓名</td><td colspan="2"></td></tr>
<tr><td>序号</td><td>项目</td><td>内容</td><td>评价标准</td><td>配分</td><td>评价记录</td><td>得分</td></tr>
<tr><td rowspan="7">1</td><td rowspan="7">任务准备</td><td>实训场地</td><td>1. 实训场地明亮、卫生、整洁
2. 实训车辆停放在规定位置</td><td>2</td><td></td><td></td></tr>
<tr><td rowspan="3">实训器材</td><td>正确检查工具</td><td>1</td><td></td><td></td></tr>
<tr><td>正确检查仪器设备</td><td>1</td><td></td><td></td></tr>
<tr><td>工具、仪器设备摆放规范</td><td>1</td><td></td><td></td></tr>
<tr><td rowspan="3">安全防护</td><td>着装规范</td><td>1</td><td></td><td></td></tr>
<tr><td>规范安装车内四件套</td><td>2</td><td></td><td></td></tr>
<tr><td>规范安装车外三件套</td><td>2</td><td></td><td></td></tr>
<tr><td rowspan="4">2</td><td rowspan="4">任务实施</td><td rowspan="4">自动变速器油的检查</td><td>正确检查油液面高度</td><td>20</td><td></td><td></td></tr>
<tr><td>正确检查油质</td><td>30</td><td></td><td></td></tr>
<tr><td>正确检查外部漏油</td><td>30</td><td></td><td></td></tr>
<tr><td>规范使用工具</td><td>5</td><td></td><td></td></tr>
<tr><td>3</td><td>职业素养</td><td>“8S”管理</td><td>能遵循“8S”管理规定</td><td>5</td><td></td><td></td></tr>
<tr><td>4</td><td>安全生产</td><td colspan="3">1. 因违规操作导致工具、设备损坏，扣 10 分
2. 因违规操作导致触电、火灾和其他安全事故，以及设备重大损坏，记 0 分</td><td></td><td></td></tr>
<tr><td colspan="5">总评</td><td></td><td></td></tr>
</table>

教师签名：　　　　　　　　　　考核日期：

实训课题 2　自动变速器外部机构的检查与调整

一、任务目标

1. 能正确查阅维修手册，熟练使用工具，规范完成变速杆位置与挡位开关的检查与调整。

2. 能在作业过程中严格执行“8S”管理规定。

二、任务准备

1. 实训场地

（1）实训场地应明亮、卫生、整洁。

（2）实训车辆应停放在规定位置。

2. 实训器材

根据任务要求，准备好相关的实训器材，清点核对后将检查结果记录在表 2-3-4 中。

表 2-3-4　实训器材清单

序号	名称	说明	检查结果
1	举升机		
2	工具车	配备常用工具	
3	零件车		
4	工作台		
5	维修手册	与实训车辆相匹配	
6	头灯		
7	车内四件套		
8	车外三件套		
9	抹布		
10	车轮挡块		

3. 安全防护

（1）实训人员应着工装。

（2）实训车辆必须做好防护措施，确保车辆举升安全可靠。

（3）操作过程应规范、标准，设备使用应严格遵守操作规程，注意人身和设备安全。

三、任务实施

表 2-3-5　　变速杆位置与挡位开关的检查与调整

<table>
<tr><td>班级</td><td colspan="2"></td><td>姓名</td><td></td></tr>
<tr><td colspan="5">一、车辆信息</td></tr>
<tr><td>车型</td><td colspan="2"></td><td>VIN 码</td><td></td></tr>
<tr><td>行驶里程</td><td colspan="2"></td><td>外观检查</td><td></td></tr>
<tr><td colspan="5">二、操作过程</td></tr>
<tr><td>序号</td><td colspan="2">操作内容</td><td colspan="2">情况记录</td></tr>
<tr><td>1</td><td colspan="2">车辆安全防护</td><td colspan="2">车轮挡块：
车外三件套：
车内四件套：
驻车制动、挡位：
车辆举升位置：</td></tr>
<tr><td>2</td><td colspan="2">拆卸变速杆与自动变速器手动阀摇臂之间的连接杆</td><td colspan="2">拆卸要点：
拆卸工具：</td></tr>
<tr><td>3</td><td colspan="2">调整手动阀摇臂位置，安装连接杆</td><td colspan="2">调整方法：
安装工具：</td></tr>
<tr><td>4</td><td colspan="2">拆卸挡位开关的固定螺栓，将变速杆置于 N 挡位</td><td colspan="2">拆卸方法：
拆卸工具：</td></tr>
<tr><td>5</td><td colspan="2">调整手动阀摇臂轴上的槽口，紧固挡位开关</td><td colspan="2">调整方法：
使用工具：</td></tr>
<tr><td>6</td><td colspan="2">按照“8S”管理规定整理实训场地</td><td colspan="2"></td></tr>
</table>

续表

三、任务总结
（对任务完成情况、技术要点、操作注意事项、存在问题等进行总结）

四、考核评价

表 2–3–6 考核评价表

班级				姓名		
序号	项目	内容	评价标准	配分	评价记录	得分
1	任务准备	实训场地	1. 实训场地明亮、卫生、整洁 2. 实训车辆停放在规定位置	2		
		实训器材	正确检查工具	1		
			正确检查仪器设备	1		
			工具、仪器设备摆放规范	1		
		安全防护	着装规范	1		
			规范安装车内四件套	2		
			规范安装车外三件套	2		

续表

序号	项目	内容	评价标准	配分	评价记录	得分
2	任务实施	变速杆位置的检查与调整	正确拆卸变速杆与自动变速器手动阀摇臂之间的连接杆	10		
			正确调整手动阀摇臂位置及安装连接杆	25		
		挡位开关的检查与调整	正确拆卸挡位开关的固定螺栓	10		
			正确调整手动阀摇臂轴上的槽口	25		
			正确紧固挡位开关	10		
			规范使用工具	5		
3	职业素养	“8S”管理	能遵循“8S”管理规定	5		
4	安全生产	1. 因违规操作导致工具、设备损坏，扣10分 2. 因违规操作导致触电、火灾和其他安全事故，以及设备重大损坏，记0分				
总评						

教师签名：　　　　　　　　　　　　考核日期：

项目三 —— 行驶系构造与维修

任务 1 车架的结构与维修

一、任务目标

1. 能正确查阅维修手册，熟练使用举升机、预置式扭力扳手、角度仪等设备和工具，规范完成副车架的拆装。

2. 能在作业过程中严格执行“8S”管理规定。

二、任务准备

1. 实训场地

（1）实训场地应明亮、卫生、整洁。

（2）实训车辆应停放在规定位置。

2. 实训器材

根据任务要求，准备好相关的实训器材，清点核对后将检查结果记录在表 3-1-1 中。

表 3-1-1 实训器材清单

序号	名称	说明	检查结果
1	举升机		
2	工具车	配备常用工具	
3	零件车		
4	工作台		
5	维修手册	与实训车辆相匹配	
6	头灯		

续表

序号	名称	说明	检查结果
7	车内四件套		
8	车外三件套		
9	发动机和变速器举升装置		
10	安全帽		
11	抹布		
12	车轮挡块		

3. 安全防护

（1）实训人员应着工装。

（2）实训车辆必须做好防护措施，确保车辆举升安全可靠。

（3）操作过程应规范、标准，设备使用应严格遵守操作规程，注意人身和设备安全。

三、任务实施

表 3–1–2　　**副车架的拆装**

<table>
<tr><td>班级</td><td colspan="2"></td><td>姓名</td><td></td></tr>
<tr><td colspan="5">一、车辆信息</td></tr>
<tr><td>车型</td><td colspan="2"></td><td>VIN 码</td><td></td></tr>
<tr><td>行驶里程</td><td colspan="2"></td><td>外观检查</td><td></td></tr>
<tr><td colspan="5">二、操作过程</td></tr>
<tr><td>序号</td><td colspan="2">操作内容</td><td colspan="2">情况记录</td></tr>
<tr><td>1</td><td colspan="2">车辆安全防护</td><td colspan="2">车轮挡块：
车外三件套：
车内四件套：
驻车制动、挡位：
车辆举升位置：</td></tr>
<tr><td>2</td><td colspan="2">拆卸左、右两个车轮</td><td colspan="2">拆卸工具：

拆卸顺序：</td></tr>
</table>

续表

序号	操作内容	情况记录
3	拆卸排气装置支架	拆卸工具：
4	拆卸左、右两侧下控制臂	拆卸工具：
5	拆卸左、右两侧稳定杆	拆卸工具：
6	拆卸变速器上摆动支撑	拆卸工具：
7	分离排气前管与副车架	拆卸工具：
8	拆卸转向器固定螺栓	拆卸工具： 拆卸顺序：
9	放置发动机和变速器举升装置	调整高度：
10	拆卸副车架	拆卸工具： 拆卸顺序：
11	安装新的副车架	安装工具： 安装顺序： 螺栓是否更换： 规定力矩： 角度：
12	安装转向器固定螺栓	安装工具： 螺栓是否更换： 规定力矩： 角度：
13	安装摆动支撑	安装工具： 安装顺序： 螺栓是否更换： 规定力矩： 角度：

续表

序号	操作内容	情况记录
14	安装左、右两侧稳定杆	安装工具： 螺母是否更换： 规定力矩：
15	安装转向节主销与控制臂	安装工具： 螺母是否更换： 规定力矩：
16	安装排气装置支架	安装工具： 规定力矩：
17	安装排气前管夹紧套	安装工具： 规定力矩：
18	安装车轮	螺栓安装顺序： 规定力矩：
19	按照“8S”管理规定整理实训场地	

三、任务总结

（对任务完成情况、技术要点、操作注意事项、存在问题等进行总结）

四、考核评价

表 3–1–3　　考核评价表

班级				姓名		
序号	项目	内容	评价标准	配分	评价记录	得分
1	任务准备	实训场地	1. 实训场地明亮、卫生、整洁 2. 实训车辆停放在规定位置	2		
		实训器材	正确检查工具	1		
			正确检查仪器设备	1		
			工具、仪器设备摆放规范	1		
		安全防护	着装规范	1		
			规范安装车内四件套	2		
			规范安装车外三件套	2		
2	任务实施	副车架的拆装	正确拆装车轮	10		
			正确拆卸排气装置支架螺栓	5		
			正确拆卸下控制臂紧固螺母	5		
			正确拆卸连接杆螺母	5		
			正确拆卸摆动支撑的固定螺母	5		
			正确拆卸排气前管夹紧套的紧固螺栓	5		
			正确拆卸转向器和副车架的三个固定螺栓	5		
			正确调整发动机和变速器举升装置的高度	5		
			正确拆卸副车架固定螺栓	5		
			正确安装副车架（使用新的固定螺栓）	10		
			正确安装转向器固定螺栓（使用新的固定螺栓）	5		
			按次序正确安装摆动支撑固定螺栓（使用新的固定螺栓）	5		

续表

序号	项目	内容	评价标准	配分	评价记录	得分
2	任务实施	副车架的拆装	正确安装稳定杆（使用新的螺母）	5		
			正确安装转向节主销（使用新的螺母）	5		
			正确安装排气装置	5		
3	职业素养	“8S”管理	能遵循“8S”管理规定	5		
4	安全生产	1. 因违规操作导致工具、设备损坏，扣 10 分 2. 因违规操作导致触电、火灾和其他安全事故，以及设备重大损坏，记 0 分				
总评						

教师签名：　　　　　　　　　　　　　　　　　考核日期：

任务 2　悬架系统的结构与维修

实训课题 1　螺旋弹簧式非独立悬架的拆装

一、任务目标

1. 能正确查阅维修手册，熟练使用弹簧张紧装置、预置式扭力扳手等工具，规范完成螺旋弹簧式非独立悬架的拆装。

2. 能在作业过程中严格执行“8S”管理规定。

二、任务准备

1. 实训场地

（1）实训场地应明亮、卫生、整洁。

（2）实训车辆应停放在规定位置。

2. 实训器材

根据任务要求，准备好相关的实训器材，清点核对后将检查结果记录在表 3-2-1 中。

表 3-2-1　　实训器材清单

序号	名称	说明	检查结果
1	举升机		
2	工具车	配备常用工具	
3	零件车		
4	工作台		
5	维修手册	与实训车辆相匹配	
6	弹簧张紧装置		
7	头灯		
8	车内四件套		
9	车外三件套		

续表

序号	名称	说明	检查结果
10	安全帽		
11	抹布		
12	车轮挡块		

3. 安全防护

（1）实训人员应着工装。

（2）实训车辆必须做好防护措施，确保车辆举升安全可靠。

（3）操作过程应规范、标准，设备使用应严格遵守操作规程，注意人身和设备安全。

三、任务实施

表 3–2–2　　螺旋弹簧式非独立悬架的拆装

班级		姓名	
一、车辆信息			
车型		VIN 码	
行驶 里程		外观检查	
二、操作过程			
序号	操作内容	情况记录	
1	车辆安全防护	车轮挡块： 车外三件套： 车内四件套： 驻车制动、挡位： 车辆举升位置：	
2	拆卸车轮	拆卸工具： 拆卸顺序：	
3	拆卸螺旋弹簧	拆卸工具： 拆卸顺序：	

续表

序号	操作内容	情况记录
4	拆卸减振器	拆卸工具： 拆卸顺序：
5	分解减振器总成	分解工具： 分解顺序：
6	检查减振器	是否泄漏： 伸张： 压缩： 是否更换：
7	检查螺旋弹簧	外观： 是否更换：
8	检查螺旋弹簧垫圈	外观： 是否更换：
9	安装减振器	安装工具： 安装顺序：
10	安装螺旋弹簧	安装工具： 安装顺序：
11	安装车轮	螺栓安装顺序： 规定力矩：
12	按照“8S”管理规定整理实训场地	

续表

三、任务总结
（对任务完成情况、技术要点、操作注意事项、存在问题等进行总结）

四、考核评价

表 3-2-3　　考核评价表

<table>
<tr><td colspan="3">班级</td><td></td><td>姓名</td><td colspan="2"></td></tr>
<tr><th>序号</th><th>项目</th><th>内容</th><th>评价标准</th><th>配分</th><th>评价记录</th><th>得分</th></tr>
<tr><td rowspan="7">1</td><td rowspan="7">任务准备</td><td>实训场地</td><td>1. 实训场地明亮、卫生、整洁
2. 实训车辆停放在规定位置</td><td>2</td><td></td><td></td></tr>
<tr><td rowspan="3">实训器材</td><td>正确检查工具</td><td>1</td><td></td><td></td></tr>
<tr><td>正确检查仪器设备</td><td>1</td><td></td><td></td></tr>
<tr><td>工具、仪器设备摆放规范</td><td>1</td><td></td><td></td></tr>
<tr><td rowspan="3">安全防护</td><td>着装规范</td><td>1</td><td></td><td></td></tr>
<tr><td>规范安装车内四件套</td><td>2</td><td></td><td></td></tr>
<tr><td>规范安装车外三件套</td><td>2</td><td></td><td></td></tr>
</table>

续表

序号	项目	内容	评价标准	配分	评价记录	得分
2	任务实施	螺旋弹簧式非独立悬架的拆装	正确拆装车轮	10		
			正确拆卸螺旋弹簧	8		
			正确拆卸减振器 3 个固定螺栓	8		
			正确分解减振器	10		
			正确检查减振器	7		
			正确检查螺旋弹簧	7		
			正确检查螺旋弹簧垫圈	7		
			正确装配减振器总成（使用新的自锁螺母）	7		
			正确安装减振器（使用新的固定螺栓）	7		
			正确安装螺旋弹簧垫圈	7		
			正确安装螺旋弹簧	7		
3	职业素养	“8S”管理	能遵循“8S”管理规定	5		
4	安全生产	1. 因违规操作导致工具、设备损坏，扣 10 分 2. 因违规操作导致触电、火灾和其他安全事故，以及设备重大损坏，记 0 分				
总评						

教师签名：　　　　　　　　　　　　　　考核日期：

实训课题 2　独立悬架的拆装

一、任务目标

1. 能正确查阅维修手册，熟练使用弹簧张紧装置、预置式扭力扳手、角度仪等工具，规范完成独立悬架的拆装。

2. 能在作业过程中严格执行“8S”管理规定。

二、任务准备

1. 实训场地

（1）实训场地应明亮、卫生、整洁。

（2）实训车辆应停放在规定位置。

2. 实训器材

根据任务要求，准备好相关的实训器材，清点核对后将检查结果记录在表3-2-4中。

表3-2-4　　　　实训器材清单

序号	名称	说明	检查结果
1	举升机		
2	工具车	配备常用工具	
3	零件车		
4	工作台		
5	维修手册	与实训车辆相匹配	
6	头灯		
7	车内四件套		
8	车外三件套		
9	发动机和变速器举升装置		
10	弹簧张紧装置		
11	安全帽		
12	抹布		
13	车轮挡块		

3. 安全防护

（1）实训人员应着工装。

（2）实训车辆必须做好防护措施，确保车辆举升安全可靠。

（3）操作过程应规范、标准，设备使用应严格遵守操作规程，注意人身和设备安全。

三、任务实施

表 3–2–5　　独立悬架的拆装

<table>
<tr><td>班级</td><td colspan="2"></td><td>姓名</td><td></td></tr>
<tr><td colspan="5">一、车辆信息</td></tr>
<tr><td>车型</td><td colspan="2"></td><td>VIN 码</td><td></td></tr>
<tr><td>行驶
里程</td><td colspan="2"></td><td>外观检查</td><td></td></tr>
<tr><td colspan="5">二、操作过程</td></tr>
<tr><td>序号</td><td colspan="2">操作内容</td><td colspan="2">情况记录</td></tr>
<tr><td>1</td><td colspan="2">车辆安全防护</td><td colspan="2">车轮挡块：
车外三件套：
车内四件套：
驻车制动、挡位：
车辆举升位置：</td></tr>
<tr><td>2</td><td colspan="2">拧松轮毂与传动轴的紧固螺母</td><td colspan="2">使用工具：</td></tr>
<tr><td>3</td><td colspan="2">拆卸车轮</td><td colspan="2">拆卸工具：

拆卸顺序：</td></tr>
<tr><td>4</td><td colspan="2">拆卸减振器上的连接杆</td><td colspan="2">拆卸工具：</td></tr>
<tr><td>5</td><td colspan="2">拆卸制动软管支架</td><td colspan="2">拆卸工具：

拆卸顺序：</td></tr>
<tr><td>6</td><td colspan="2">拆卸转向节主销</td><td colspan="2">拆卸工具：

拆卸顺序：</td></tr>
<tr><td>7</td><td colspan="2">拆卸外侧万向节</td><td colspan="2">拆卸顺序：</td></tr>
<tr><td>8</td><td colspan="2">安装转向节主销</td><td colspan="2">安装工具：

安装顺序：</td></tr>
<tr><td>9</td><td colspan="2">安装定位件 T10149</td><td colspan="2">安装顺序：</td></tr>
</table>

续表

序号	操作内容	情况记录
10	拆卸减振器与轴承支座	拆卸工具： 拆卸顺序：
11	拆卸减振器	拆卸工具： 拆卸顺序：
12	分解减振器总成	分解工具： 分解顺序：
13	检查减振器	是否泄漏： 伸张： 压缩： 是否更换：
14	检查螺旋弹簧	外观： 是否更换：
15	检查压力轴承	转动： 是否更换：
16	装配减振器总成	安装工具： 是否更换螺母： 安装顺序：
17	安装减振器与轴承支座	安装工具： 是否更换固定螺母： 安装顺序：
18	安装减振器与车身	安装工具： 是否更换固定螺栓： 规定力矩： 规定角度：
19	拆卸定位件 T10149	拆卸顺序：

续表

序号	操作内容	情况记录
20	紧固车轮轴承支座 / 减振器的螺栓连接件	使用工具： 规定力矩： 规定角度：
21	安装传动轴	安装顺序：
22	安装转向节主销与控制臂	安装工具： 规定力矩：
23	紧固传动轴	使用工具： 是否更换螺栓： 规定力矩： 规定角度：
24	安装连接杆	安装工具： 规定力矩：
25	安装制动软管支架	安装工具： 规定力矩：
26	安装车轮	螺栓安装顺序： 规定力矩：
27	按照“8S”管理规定整理实训场地	

三、任务总结

（对任务完成情况、技术要点、操作注意事项、存在问题等进行总结）

四、考核评价

表 3-2-6　　考核评价表

班级				姓名		
序号	项目	内容	评价标准	配分	评价记录	得分
1	任务准备	实训场地	1. 实训场地明亮、卫生、整洁 2. 实训车辆停放在规定位置	2		
		实训器材	正确检查工具	1		
			正确检查仪器设备	1		
			工具、仪器设备摆放规范	1		
		安全防护	着装规范	1		
			规范安装车内四件套	2		
			规范安装车外三件套	2		
2	任务实施	独立悬架的拆装	正确拧松轮毂与传动轴的紧固螺母	5		
			正确拆装车轮	5		
			正确拆装减振器连接杆	3		
			正确拆装制动软管支架	3		
			正确固定制动软管	4		
			正确拆装转向节主销与控制臂	5		
			正确拉出并固定传动轴	5		
			正确安装定位件	5		
			正确分离减振器与轴承支座	5		
			正确分解减振器总成	5		
			正确检查减振器	5		
			正确检查螺旋弹簧	5		
			正确检查压力轴承	5		
			正确装配减振器总成（使用新的自锁螺母）	5		

续表

序号	项目	内容	评价标准	配分	评价记录	得分
2	任务实施	独立悬架的拆装	正确安装减振器到轴承支座上	5		
			正确检查弹簧座的两个箭头方向中的一个是否朝向行驶方向	5		
			正确安装减振器到车身	5		
			正确安装传动轴	5		
3	职业素养	“8S”管理	能遵循“8S”管理规定	5		
4	安全生产	1. 因违规操作导致工具、设备损坏，扣 10 分 2. 因违规操作导致触电、火灾和其他安全事故，以及设备重大损坏，记 0 分				
总评						

教师签名：　　　　　　　　　　　　　　考核日期：

任务 3　车桥的结构与维修

一、任务目标

1. 能正确查阅维修手册，熟练使用百斯巴特四轮定位仪、轮胎气压表等设备和工具，规范完成车辆四轮定位的检测与调整。

2. 能在作业过程中严格执行“8S”管理规定。

二、任务准备

1. 实训场地

（1）实训场地应明亮、卫生、整洁。

（2）实训车辆应停放在规定位置。

2. 实训器材

根据任务要求，准备好相关的实训器材，清点核对后将检查结果记录在表 3–3–1 中。

表 3–3–1　实训器材清单

序号	名称	说明	检查结果
1	举升机		
2	百斯巴特四轮定位仪		
3	工具车	配备常用工具	
4	零件车		
5	工作台		
6	维修手册	与实训车辆相匹配	
7	头灯		
8	车内四件套		
9	车外三件套		
10	轮胎气压表		

续表

序号	名称	说明	检查结果
11	安全帽		
12	抹布		
13	车轮挡块		

3. 安全防护

（1）实训人员应着工装。

（2）实训车辆必须做好防护措施，确保车辆举升安全可靠。

（3）操作过程应规范、标准，设备使用应严格遵守操作规程，注意人身和设备安全。

三、任务实施

表 3–3–2　四轮定位的检测与调整

班级		姓名	
一、车辆信息			
车型		VIN 码	
行驶里程		外观检查	
二、操作过程			

序号	操作内容	情况记录
1	车辆安全防护	车轮挡块： 车外三件套： 车内四件套： 驻车制动、挡位： 车辆举升位置：
2	测量、调整轮胎气压	调整工具： 轮胎气压：
3	准备实训车辆	车辆位置： 悬架检查：

续表

序号	操作内容	情况记录
4	安装通用快速卡具以及标靶	左前： 右前： 左后： 右后：
5	连接左、右两侧通信电缆	左侧通信电缆连接： 右侧通信电缆连接：
6	安装左、右两侧传感器	左侧： 右侧：
7	调整4个标靶水平仪	左前： 右前： 左后： 右后：
8	点击“Beissbarth”图标进入定位程序初始状态	程序是否正常：
9	录入车辆信息	车型： 车辆状况：
10	进行车辆偏位补偿	向前： 向后：
11	安装制动锁	制动锁安装是否正确：
12	根据软件提示，转动转向盘	转向前展角： 最大转向角： 后轮前束： 后轮外倾角： 前轮前束： 前轮外倾角： 主销内倾角： 主销后倾角：

续表

序号	操作内容	情况记录
13	根据测量结果逐级调整数据	调整工具： 调整顺序：
14	复检	后轮前束： 后轮外倾角： 前轮前束： 前轮外倾角： 主销内倾角： 主销后倾角：
15	按照“8S”管理规定整理实训场地	

三、任务总结

（对任务完成情况、技术要点、操作注意事项、存在问题等进行总结）

四、考核评价

表 3-3-3　　考核评价表

<table>
<tr><td colspan="3">班级</td><td></td><td>姓名</td><td colspan="2"></td></tr>
<tr><td>序号</td><td>项目</td><td>内容</td><td>评价标准</td><td>配分</td><td>评价记录</td><td>得分</td></tr>
<tr><td rowspan="7">1</td><td rowspan="7">任务准备</td><td>实训场地</td><td>1. 实训场地明亮、卫生、整洁
2. 实训车辆停放在规定位置</td><td>2</td><td></td><td></td></tr>
<tr><td rowspan="3">实训器材</td><td>正确检查工具</td><td>1</td><td></td><td></td></tr>
<tr><td>正确检查仪器设备</td><td>1</td><td></td><td></td></tr>
<tr><td>工具、仪器设备摆放规范</td><td>1</td><td></td><td></td></tr>
<tr><td rowspan="3">安全防护</td><td>着装规范</td><td>1</td><td></td><td></td></tr>
<tr><td>规范安装车内四件套</td><td>2</td><td></td><td></td></tr>
<tr><td>规范安装车外三件套</td><td>2</td><td></td><td></td></tr>
<tr><td rowspan="12">2</td><td rowspan="12">任务实施</td><td rowspan="12">四轮定位的检测与调整</td><td>正确检查车轮轴承，轮胎型号、尺寸、花纹、磨损、胎压等</td><td>5</td><td></td><td></td></tr>
<tr><td>正确检查玻璃水是否加满，油箱油量，备胎和工具，车上有无较重物品等</td><td>5</td><td></td><td></td></tr>
<tr><td>正确停放车辆（前轮应在转盘中心，车辆停正）</td><td>5</td><td></td><td></td></tr>
<tr><td>上下弹动车辆数次，使悬架系统正确归位</td><td>5</td><td></td><td></td></tr>
<tr><td>正确安装左、右两侧传感器</td><td>8</td><td></td><td></td></tr>
<tr><td>正确安装与调整四个标靶</td><td>8</td><td></td><td></td></tr>
<tr><td>正确输入车辆信息</td><td>5</td><td></td><td></td></tr>
<tr><td>正确进行偏位补偿</td><td>8</td><td></td><td></td></tr>
<tr><td>正确按照屏幕提示进行后轮定位测量</td><td>8</td><td></td><td></td></tr>
<tr><td>正确按照屏幕提示进行前轮定位测量</td><td>8</td><td></td><td></td></tr>
<tr><td>正确调整后轮前束</td><td>10</td><td></td><td></td></tr>
<tr><td>正确调整前轮前束</td><td>10</td><td></td><td></td></tr>
<tr><td>3</td><td>职业素养</td><td>“8S”管理</td><td>能遵循“8S”管理规定</td><td>5</td><td></td><td></td></tr>
<tr><td>4</td><td>安全生产</td><td colspan="3">1. 因违规操作导致工具、设备损坏，扣 10 分
2. 因违规操作导致触电、火灾和其他安全事故，以及设备重大损坏，记 0 分</td><td></td><td></td></tr>
<tr><td colspan="5">总评</td><td></td><td></td></tr>
</table>

教师签名：　　　　　　　　　　　　考核日期：

任务 4　车轮与轮胎的结构与维修

实训课题 1　车轮的拆装

一、任务目标

1. 能正确查阅维修手册，熟练使用扒胎机、轮胎花纹深度尺等设备和工具，规范完成车轮的拆卸、检查与安装。

2. 能在作业过程中严格执行“8S”管理规定。

二、任务准备

1. 实训场地

（1）实训场地应明亮、卫生、整洁。

（2）实训车辆应停放在规定位置。

2. 实训器材

根据任务要求，准备好相关的实训器材，清点核对后将检查结果记录在表 3–4–1 中。

表 3–4–1　　实训器材清单

序号	名称	说明	检查结果
1	举升机		
2	工具车	配备常用工具	
3	零件车		
4	工作台		
5	维修手册	与实训车辆相匹配	
6	头灯		
7	车内四件套		
8	车外三件套		
9	轮胎花纹深度尺		
10	轮胎气门芯扳手		
11	扒胎机		
12	安全帽		
13	抹布、润滑膏		
14	车轮挡块		

3. 安全防护

（1）实训人员应着工装。

（2）实训车辆必须做好防护措施，确保车辆举升安全可靠。

（3）操作过程应规范、标准，设备使用应严格遵守操作规程，注意人身和设备安全。

三、任务实施

表 3-4-2　车轮的拆装

班级		姓名	
一、车辆信息			
车型		VIN 码	
行驶里程		外观检查	
二、操作过程			
序号	操作内容	情况记录	
1	车辆安全防护	车轮挡块： 车外三件套： 车内四件套： 驻车制动、挡位： 车辆举升位置：	
2	拆卸车轮	拆卸工具： 拆卸顺序：	
3	轮胎放气	放气工具：	
4	分离轮胎内外两侧趾口与轮毂	分解工具： 分解顺序：	
5	拆卸车轮轮胎	拆卸工具： 拆卸顺序：	

续表

序号	操作内容	情况记录
6	检查胎面、胎侧	胎面： 胎侧：
7	测量轮胎花纹深度	测量工具： 测量数据 1： 测量数据 2： 测量数据 3： 是否需要更换：
8	检查轮辋和轮胎充气阀	轮辋： 轮胎充气阀：
9	安装车轮新轮胎或者已维修的轮胎	安装顺序：
10	安装轮胎气门芯并测量轮胎气压	安装工具： 测量工具： 轮胎气压：
11	安装车轮	螺栓安装顺序： 规定力矩：
12	按照“8S”管理规定整理实训场地	

三、任务总结

（对任务完成情况、技术要点、操作注意事项、存在问题等进行总结）

四、考核评价

表 3–4–3　　考核评价表

班级				姓名		
序号	项目	内容	评价标准	配分	评价记录	得分
1	任务准备	实训场地	1. 实训场地明亮、卫生、整洁 2. 实训车辆停放在规定位置	2		
		实训器材	正确检查工具	1		
			正确检查仪器设备	1		
			工具、仪器设备摆放规范	1		
		安全防护	着装规范	1		
			规范安装车内四件套	2		
			规范安装车外三件套	2		
2	任务实施	车轮的拆装	正确拆装车轮	10		
			正确取下气门芯	5		
			正确分离轮胎内外两侧趾口与轮毂	5		
			正确刷涂润滑膏	5		
			正确分离轮胎上层	5		
			正确分离轮胎下层	5		
			正确检查轮胎胎面、胎侧	5		
			正确测量轮胎花纹深度	10		
			正确检查轮辋	5		
			正确检查气门芯	5		
			在轮胎内外趾口涂抹润滑膏	5		
			正确安装轮胎下层	5		
			正确安装轮胎上层	5		
			正确安装气门芯	5		
			规范操作将轮胎气压补充到规定值	5		
3	职业素养	“8S”管理	能遵循“8S”管理规定	5		
4	安全生产	1. 因违规操作导致工具、设备损坏，扣 10 分 2. 因违规操作导致触电、火灾和其他安全事故，以及设备重大损坏，记 0 分				
总评						

教师签名：　　　　　　　　　　　　考核日期：

实训课题 2　轮 胎 换 位

一、任务目标

1. 能正确查阅维修手册，熟练使用预置式扭力扳手等工具，规范完成轮胎换位。
2. 能在作业过程中严格执行“8S”管理规定。

二、任务准备

1. 实训场地

（1）实训场地应明亮、卫生、整洁。
（2）实训车辆应停放在规定位置。

2. 实训器材

根据任务要求，准备好相关的实训器材，清点核对后将检查结果记录在表 3–4–4 中。

表 3–4–4　实训器材清单

序号	名称	说明	检查结果
1	举升机		
2	工具车	配备常用工具	
3	零件车		
4	工作台		
5	维修手册	与实训车辆相匹配	
6	头灯		
7	车内四件套		
8	车外三件套		
9	安全帽		
10	抹布		
11	车轮挡块		

3. 安全防护

（1）实训人员应着工装。

（2）实训车辆必须做好防护措施，确保车辆举升安全可靠。

（3）操作过程应规范、标准，设备使用应严格遵守操作规程，注意人身和设备安全。

三、任务实施

表 3–4–5　轮胎换位

班级		姓名	
一、车辆信息			
车型		VIN 码	
行驶里程		外观检查	
二、操作过程			
序号	操作内容	情况记录	
1	车辆安全防护	车轮挡块： 车外三件套： 车内四件套： 驻车制动、挡位： 车辆举升位置：	
2	拆卸四个车轮	拆卸工具： 拆卸顺序：	
3	轮胎换位	轮胎换位要求：	
4	安装四个车轮	螺栓安装顺序： 规定力矩：	
5	按照“8S”管理规定整理实训场地		

续表

三、任务总结
（对任务完成情况、技术要点、操作注意事项、存在问题等进行总结）

四、考核评价

表 3–4–6　　考核评价表

班级				姓名		
序号	项目	内容	评价标准	配分	评价记录	得分
1	任务准备	实训场地	1. 实训场地明亮、卫生、整洁 2. 实训车辆停放在规定位置	2		
		实训器材	正确检查工具	1		
			正确检查仪器设备	1		
			工具、仪器设备摆放规范	1		
		安全防护	着装规范	1		
			规范安装车内四件套	2		
			规范安装车外三件套	2		

续表

序号	项目	内容	评价标准	配分	评价记录	得分
2	任务实施	轮胎换位	正确拆卸左前车轮	6		
			正确拆卸右前车轮	6		
			正确拆卸左后车轮	6		
			正确拆卸右后车轮	6		
			正确选择轮胎换位方法	22		
			正确安装左前车轮	6		
			正确安装右前车轮	6		
			正确安装左后车轮	6		
			正确安装右后车轮	6		
			正确检查是否配备胎压显示	15		
3	职业素养	“8S”管理	能遵循“8S”管理规定	5		
4	安全生产	1. 因违规操作导致工具、设备损坏，扣 10 分 2. 因违规操作导致触电、火灾和其他安全事故，以及设备重大损坏，记 0 分				
总评						

教师签名：　　　　　　　　　　　　　　　考核日期：

实训课题 3　离车式车轮动平衡机的使用

一、任务目标

1. 能正确查阅维修手册，熟练使用离车式车轮动平衡机、轮胎气压表等设备和工具，规范完成车轮动平衡的检查与调整。

2. 能在作业过程中严格执行“8S”管理规定。

二、任务准备

1. 实训场地

（1）实训场地应明亮、卫生、整洁。

（2）实训车辆应停放在规定位置。

2. 实训器材

根据任务要求，准备好相关的实训器材，清点核对后将检查结果记录在表 3–4–7 中。

表 3–4–7　　实训器材清单

序号	名称	说明	检查结果
1	举升机		
2	工具车	配备常用工具	
3	零件车		
4	工作台		
5	维修手册	与实训车辆相匹配	
6	头灯		
7	车内四件套		
8	车外三件套		
9	离车式车轮动平衡机		
10	轮胎气压表		
11	安全帽		
12	抹布		
13	车轮挡块		

3. 安全防护

（1）实训人员应着工装。

（2）实训车辆必须做好防护措施，确保车辆举升安全可靠。

（3）操作过程应规范、标准，设备使用应严格遵守操作规程，注意人身和设备安全。

三、任务实施

表 3-4-8　　　离车式车轮动平衡机的使用

<table>
<tr><td>班级</td><td colspan="2"></td><td>姓名</td><td></td></tr>
<tr><td colspan="5">一、车辆信息</td></tr>
<tr><td>车型</td><td colspan="2"></td><td>VIN 码</td><td></td></tr>
<tr><td>行驶
里程</td><td colspan="2"></td><td>外观检查</td><td></td></tr>
<tr><td colspan="5">二、操作过程</td></tr>
<tr><th>序号</th><th colspan="2">操作内容</th><th colspan="2">情况记录</th></tr>
<tr><td>1</td><td colspan="2">车辆安全防护</td><td colspan="2">车轮挡块：
车外三件套：
车内四件套：
驻车制动、挡位：
车辆举升位置：</td></tr>
<tr><td>2</td><td colspan="2">清理被测车轮</td><td colspan="2">车轮是否整洁：</td></tr>
<tr><td>3</td><td colspan="2">检查轮胎气压</td><td colspan="2">测量工具：
轮胎气压：</td></tr>
<tr><td>4</td><td colspan="2">安装车轮到动平衡机上</td><td colspan="2">安装顺序：</td></tr>
<tr><td>5</td><td colspan="2">打开电源开关，系统自检</td><td colspan="2">设备是否正常：</td></tr>
<tr><td>6</td><td colspan="2">键入轮辋直径、宽度和轮辋边缘到机箱之间的距离</td><td colspan="2">轮辋直径：
轮辋宽度：
轮辋边缘到机箱之间的距离：</td></tr>
<tr><td>7</td><td colspan="2">测量车轮动不平衡</td><td colspan="2">内侧动不平衡量：
外侧动不平衡量：</td></tr>
<tr><td>8</td><td colspan="2">加装内外两侧平衡块</td><td colspan="2">加装流程：</td></tr>
<tr><td>9</td><td colspan="2">重新启动动平衡机，进行复检</td><td colspan="2">内侧动不平衡量：
外侧动不平衡量：</td></tr>
<tr><td>10</td><td colspan="2">按照“8S”管理规定整理实训场地</td><td colspan="2"></td></tr>
</table>

续表

三、任务总结
（对任务完成情况、技术要点、操作注意事项、存在问题等进行总结）

四、考核评价

表 3-4-9　　考核评价表

班级				姓名		
序号	项目	内容	评价标准	配分	评价记录	得分
1	任务准备	实训场地	1. 实训场地明亮、卫生、整洁 2. 实训车辆停放在规定位置	2		
		实训器材	正确检查工具	1		
			正确检查仪器设备	1		
			工具、仪器设备摆放规范	1		
		安全防护	着装规范	1		
			规范安装车内四件套	2		
			规范安装车外三件套	2		

续表

序号	项目	内容	评价标准	配分	评价记录	得分
2	任务实施	离车式车轮动平衡机的使用	规范清理被测车轮	5		
			正确检查轮胎气压	5		
			正确安装车轮到动平衡机	5		
			正确测量并输入轮辋边缘到机箱之间的距离	20		
			正确输入轮辋直径	5		
			正确输入轮辋宽度	5		
			正确测量车轮动不平衡量	10		
			正确加装内侧平衡块	10		
			正确加装外侧平衡块	10		
			正确进行车轮动平衡复测	10		
3	职业素养	“8S”管理	能遵循“8S”管理规定	5		
4	安全生产	1. 因违规操作导致工具、设备损坏，扣10分 2. 因违规操作导致触电、火灾和其他安全事故，以及设备重大损坏，记0分				
总评						

教师签名：　　　　　　　　　　　　　　　　考核日期：

项目四 ——— 转向系构造与维修

任务1　机械转向系的结构与维修

实训课题1　转向操纵机构的拆装

一、任务目标

1. 能正确查阅维修手册，熟练使用扳手等工具，规范完成转向操纵机构的拆装。
2. 能在作业过程中严格执行“8S”管理规定。

二、任务准备

1. 实训场地

（1）实训场地应明亮、卫生、整洁。

（2）实训车辆应停放在规定位置。

2. 实训器材

根据任务要求，准备好相关的实训器材，清点核对后将检查结果记录在表4–1–1中。

表4–1–1　　实训器材清单

序号	名称	说明	检查结果
1	工具车	配备常用工具	
2	零件车		
3	工作台		
4	维修手册	与实训车辆相匹配	
5	手电筒		

续表

序号	名称	说明	检查结果
6	车内四件套		
7	车外三件套		
8	抹布		
9	记号笔		
10	车轮挡块		

3. 安全防护

（1）实训人员应着工装。

（2）实训车辆必须做好防护措施，确保车辆举升安全可靠。

（3）操作过程应规范、标准，设备使用应严格遵守操作规程，注意人身和设备安全。

三、任务实施

表 4–1–2　　　　转向操纵机构的拆装

<table>
<tr><td>班级</td><td colspan="2"></td><td>姓名</td><td></td></tr>
<tr><td colspan="5">一、车辆信息</td></tr>
<tr><td>车型</td><td colspan="2"></td><td>VIN 码</td><td></td></tr>
<tr><td>行驶里程</td><td colspan="2"></td><td>外观检查</td><td></td></tr>
<tr><td colspan="5">二、操作过程</td></tr>
<tr><td>序号</td><td>操作内容</td><td colspan="3">情况记录</td></tr>
<tr><td>1</td><td>车辆安全防护</td><td colspan="3">车轮挡块：
车外三件套：
车内四件套：
驻车制动、挡位：
车辆举升位置：</td></tr>
<tr><td>2</td><td>调整车轮位置，断开蓄电池</td><td colspan="3">车轮位置：
蓄电池状态：</td></tr>
<tr><td>3</td><td>调整转向柱位置</td><td colspan="3">调整方法：

转向柱位置：</td></tr>
<tr><td>4</td><td>拆卸安全气囊单元</td><td colspan="3">拆卸方法：</td></tr>
</table>

续表

序号	操作内容	情况记录
5	拆卸转向盘	定位标记： 拆卸工具：
6	拆卸转向柱的接地线和开关连接插头	拆卸工具：
7	拆卸转向柱下方脚部空间出风口和饰板	拆卸工具：
8	拆卸万向节轴颈	拆卸工具：
9	拆卸制动踏板碰撞支撑	拆卸流程： 拆卸工具：
10	拆卸转向柱支撑座及转向柱	拆卸流程：
11	重新装配转向操纵机构	安装顺序： 规定力矩：
12	按照“8S”管理规定整理实训场地	

三、任务总结

（对任务完成情况、技术要点、操作注意事项、存在问题等进行总结）

四、考核评价

表 4-1-3　　考核评价表

班级				姓名		
序号	项目	内容	评价标准	配分	评价记录	得分
1	任务准备	实训场地	1. 实训场地明亮、卫生、整洁 2. 实训车辆停放在规定位置	2		
		实训器材	正确检查工具	1		
			正确检查仪器设备	1		
			工具、仪器设备摆放规范	1		
		安全防护	着装规范	1		
			规范安装车内四件套	2		
			规范安装车外三件套	2		
2	任务实施	转向操纵机构的拆装	作业前使车轮处于直线行驶位置	2		
			正确断开蓄电池负极接地线，并可靠固定	5		
			正确调整转向柱位置并固定	5		
			拆卸安全气囊前正确释放静电	10		
			正确拆卸安全气囊	10		
			正确放置安全气囊	5		
			做转向盘与转向轴定位标记	2		
			正确拆卸转向柱开关连接插头和转向柱接地线	2		
			正确拆卸脚部空间出风口和饰板	5		
			正确拧下万向节轴颈螺栓	5		
			正确拆卸制动踏板碰撞支撑	10		
			正确取出转向柱支撑座及转向柱	5		
			按规定力矩紧固螺栓	2		

续表

序号	项目	内容	评价标准	配分	评价记录	得分
2	任务实施	转向操纵机构的拆装	正确安装制动踏板碰撞支撑	2		
			正确安装脚部空间出风口和饰板	5		
			正确连接转向柱开关连接插头和转向柱接地线	5		
			正确安装转向盘	1		
			正确安装安全气囊	2		
			正确安装蓄电池负极连接线	2		
3	职业素养	“8S”管理	能遵循“8S”管理规定	5		
4	安全生产	1. 因违规操作导致工具、设备损坏，扣 10 分 2. 因违规操作导致触电、火灾和其他安全事故，以及设备重大损坏，记 0 分				
总评						

教师签名：　　　　　　　　　　　　　　　考核日期：

实训课题 2　齿轮齿条式转向器的拆装

一、任务目标

1. 能正确查阅维修手册，熟练使用轴承拉具等工具，规范完成齿轮齿条式转向器的拆装。

2. 能在作业过程中严格执行“8S”管理规定。

二、任务准备

1. 实训场地

（1）实训场地应明亮、卫生、整洁。

（2）实训车辆应停放在规定位置。

2. 实训器材

根据任务要求，准备好相关的实训器材，清点核对后将检查结果记录在表 4–1–4 中。

表 4-1-4　　实训器材清单

序号	名称	说明	检查结果
1	工具车	配备常用工具	
2	零件车		
3	工作台		
4	维修手册	与实训车辆相匹配	
5	台钳		
6	卡簧钳		
7	轴承拉具		
8	抹布		
9	记号笔		
10	转向器润滑油		

3. 安全防护

（1）实训人员应着工装。

（2）操作过程应规范、标准，设备使用应严格遵守操作规程，注意人身和设备安全。

三、任务实施

表 4-1-5　　齿轮齿条式转向器的拆装

<table>
<tr><td>班级</td><td colspan="2"></td><td>姓名</td><td></td></tr>
<tr><td colspan="5">一、车辆信息</td></tr>
<tr><td>车型</td><td colspan="2"></td><td>VIN 码</td><td></td></tr>
<tr><td>行驶
里程</td><td colspan="2"></td><td>外观检查</td><td></td></tr>
<tr><td colspan="5">二、操作过程</td></tr>
<tr><td>序号</td><td colspan="2">操作内容</td><td colspan="2">情况记录</td></tr>
<tr><td>1</td><td colspan="2">操作场地设备安全检查</td><td colspan="2">是否符合安全规定：</td></tr>
<tr><td>2</td><td colspan="2">拆卸补偿器</td><td colspan="2">拆卸顺序：

拆卸工具：</td></tr>
</table>

续表

序号	操作内容	情况记录
3	拆卸转向齿轮密封环、卡簧	拆卸顺序： 拆卸工具：
4	拆卸转向齿轮轴承，取出转向齿轮	拆卸工具：
5	拆卸转向齿条杆的防尘罩、挡圈、密封圈	拆卸工具：
6	抽出转向齿条，并做行程标记	标记位置：
7	装配齿轮齿条式转向器	安装顺序： 拧紧力矩：
8	按照“8S”管理规定整理实训场地	
三、任务总结		
（对任务完成情况、技术要点、操作注意事项、存在问题等进行总结）		

四、考核评价

表 4-1-6　　考核评价表

班级				姓名		
序号	项目	内容	评价标准	配分	评价记录	得分
1	任务准备	实训场地	1. 实训场地明亮、卫生、整洁 2. 实训车辆停放在规定位置	2		
		实训器材	正确检查工具	1		
			正确检查仪器设备	1		
			工具、仪器设备摆放规范	1		

续表

序号	项目	内容	评价标准	配分	评价记录	得分
1	任务准备	安全防护	着装规范	1		
2	任务实施	齿轮齿条式转向器的拆装	正确拆卸补偿器	10		
			正确拆卸转向齿轮密封环、卡簧	10		
			正确分离转向齿轮与轴承	5		
			正确拆卸转向齿条杆的防尘罩	5		
			取出转向齿条时做行程标记	5		
			清洁转向齿轮、转向齿条	5		
			安装前正确润滑转向齿轮、转向齿条	5		
			正确安装转向齿条杆防尘罩	5		
			正确检查转向齿轮轴承	5		
			正确组装转向齿轮和轴承	5		
			正确安装转向齿轮密封环和卡簧	5		
			正确安装补偿器	10		
			正确检查并调整转向齿轮与转向齿条的啮合间隙	10		
			按规定力矩紧固螺栓	4		
3	职业素养	“8S”管理	能遵循“8S”管理规定	5		
4	安全生产	1. 因违规操作导致工具、设备损坏，扣 10 分 2. 因违规操作导致触电、火灾和其他安全事故，以及设备重大损坏，记 0 分				
总评						

教师签名：　　　　　　　　　　　　　　考核日期：

实训课题 3　循环球式转向器的拆装

一、任务目标

1. 能正确查阅维修手册，熟练使用扳手等工具，规范完成循环球式转向器的拆装。
2. 能在作业过程中严格执行“8S”管理规定。

二、任务准备

1. 实训场地

（1）实训场地应明亮、卫生、整洁。

（2）实训车辆应停放在规定位置。

2. 实训器材

根据任务要求，准备好相关的实训器材，清点核对后将检查结果记录在表 4–1–7 中。

表 4–1–7　　实训器材清单

序号	名称	说明	检查结果
1	工具车	配备常用工具	
2	零件车		
3	工作台		
4	维修手册	与实训车辆相匹配	
5	台钳		
6	橡胶锤		
7	拉具		
8	抹布		
9	记号笔		
10	多用途润滑脂		
11	专用密封胶		

3. 安全防护

（1）实训人员应着工装。

（2）操作过程应规范、标准，设备使用应严格遵守操作规程，注意人身和设备安全。

三、任务实施

表 4–1–8　　循环球式转向器的拆装

班级		姓名	
一、车辆信息			
车型		VIN 码	
行驶里程		外观检查	

续表

二、操作过程		
序号	操作内容	情况记录
1	操作场地设备安全检查	是否符合安全规定：
2	调整转向摇臂轴并做标记	标记位置： 调整方法：
3	拆卸齿轮轴螺母及弹簧垫圈	拆卸工具：
4	拆卸转向垂臂	拆卸工具：
5	拆卸侧盖和转向摇臂轴总成	拆卸工具： 拆卸方法：
6	拆卸转向螺杆及转向螺母总成	拆卸工具：
7	检查转向螺杆及转向螺母总成	检查方法：
8	拆卸导管	拆卸工具： 拆卸方法：
9	拆卸全部钢球	拆卸方法：
10	装配循环球式转向器	安装顺序： 拧紧力矩：
11	按照“8S”管理规定整理实训场地	

三、任务总结

（对任务完成情况、技术要点、操作注意事项、存在问题等进行总结）

四、考核评价

表 4–1–9　　考核评价表

班级				姓名		
序号	项目	内容	评价标准	配分	评价记录	得分
1	任务准备	实训场地	1. 实训场地明亮、卫生、整洁 2. 实训车辆停放在规定位置	2		
		实训器材	正确检查工具	1		
			正确检查仪器设备	1		
			工具、仪器设备摆放规范	1		
		安全防护	着装规范	1		
2	任务实施	循环球式转向器的拆装	将转向摇臂轴转到中间位置	10		
			做转向垂臂与转向摇臂轴位置标记	10		
			正确取下转向垂臂	5		
			正确取下转向螺杆及转向螺母总成	5		
			正确检查转向螺杆及转向螺母总成	5		
			正确检查转向螺杆轴承	2		
			正确分解转向螺杆与转向螺母	5		
			正确组装转向螺杆与转向螺母	5		
			正确安装转向螺杆与转向螺母总成	5		
			正确安装转向摇臂轴	5		
			正确安装转向垂臂	10		
			在轴套、轴承和油封上涂以多用途润滑脂	5		
			在垫圈和端盖上涂以密封胶	5		

续表

<table>
<tr><th>序号</th><th>项目</th><th>内容</th><th>评价标准</th><th>配分</th><th>评价记录</th><th>得分</th></tr>
<tr><td rowspan="2">2</td><td rowspan="2">任务实施</td><td rowspan="2">循环球式转向器的拆装</td><td>正确检查与调整齿条齿扇啮合间隙</td><td>10</td><td></td><td></td></tr>
<tr><td>按规定力矩紧固螺栓</td><td>2</td><td></td><td></td></tr>
<tr><td>3</td><td>职业素养</td><td>“8S”管理</td><td>能遵循“8S”管理规定</td><td>5</td><td></td><td></td></tr>
<tr><td>4</td><td>安全生产</td><td colspan="3">1. 因违规操作导致工具、设备损坏，扣 10 分
2. 因违规操作导致触电、火灾和其他安全事故，以及设备重大损坏，记 0 分</td><td></td><td></td></tr>
<tr><td colspan="5">总评</td><td></td><td></td></tr>
</table>

教师签名：　　　　　　　　　　　　　　　　考核日期：

实训课题 4　转向传动机构的拆装

一、任务目标

1. 能正确查阅维修手册，熟练使用卡箍钳等工具，规范完成转向传动机构的拆装。
2. 能在作业过程中严格执行“8S”管理规定。

二、任务准备

1. 实训场地

（1）实训场地应明亮、卫生、整洁。

（2）实训车辆应停放在规定位置。

2. 实训器材

根据任务要求，准备好相关的实训器材，清点核对后将检查结果记录在表 4–1–10 中。

表 4–1–10　　实训器材清单

序号	名称	说明	检查结果
1	举升机		
2	工具车	配备常用工具	
3	零件车		

续表

序号	名称	说明	检查结果
4	工作台		
5	维修手册	与实训车辆相匹配	
6	手电筒		
7	车内四件套		
8	车外三件套		
9	抹布		
10	记号笔		
11	卡箍和橡胶防尘套	与实训车辆相匹配	
12	卡箍钳		
13	多用途润滑脂		
14	米尺		
15	球形万向节按压器		
16	车轮挡块		

3. 安全防护

（1）实训人员应着工装。

（2）实训车辆必须做好防护措施，确保车辆举升安全可靠。

（3）操作过程应规范、标准，设备使用应严格遵守操作规程，注意人身和设备安全。

三、任务实施

表 4–1–11　转向传动机构的拆装

<table>
<tr><td>班级</td><td></td><td>姓名</td><td></td></tr>
<tr><td colspan="4">一、车辆信息</td></tr>
<tr><td>车型</td><td></td><td>VIN 码</td><td></td></tr>
<tr><td>行驶里程</td><td></td><td>外观检查</td><td></td></tr>
</table>

续表

二、操作过程		
序号	操作内容	情况记录
1	车辆安全防护	车轮挡块： 车外三件套： 车内四件套： 驻车制动、挡位： 车辆举升位置：
2	拆卸车轮	拆卸工具： 拆卸流程：
3	松开转向横拉杆固定螺母	拆卸工具： 拆卸流程：
4	压出转向横拉杆球头	拆卸工具： 拆卸流程：
5	拆卸转向横拉杆接头	拆卸方法：
6	拆卸转向器壳体橡胶防尘罩	拆卸工具： 拆卸方法：
7	拆卸转向横拉杆	拆卸方法：
8	安装转向操纵机构	安装顺序： 安装工具： 拧紧力矩：
9	调整转向横拉杆尺寸	调整方法：
10	按照“8S”管理规定整理实训场地	

续表

三、任务总结
（对任务完成情况、技术要点、操作注意事项、存在问题等进行总结）

四、考核评价

表 4–1–12　　考核评价表

班级				姓名		
序号	项目	内容	评价标准	配分	评价记录	得分
1	任务准备	实训场地	1. 实训场地明亮、卫生、整洁 2. 实训车辆停放在规定位置	2		
		实训器材	正确检查工具	1		
			正确检查仪器设备	1		
			工具、仪器设备摆放规范	1		
		安全防护	着装规范	1		
			规范安装车内四件套	2		
			规范安装车外三件套	2		
2	任务实施	转向传动机构的拆装	作业前使车轮处于直线行驶位置	2		
			正确拆卸车轮	5		
			按规定松开转向横拉杆固定螺母	5		

续表

序号	项目	内容	评价标准	配分	评价记录	得分
2	任务实施	转向传动机构的拆装	按规定松开转向横拉杆接头螺母	5		
			正确从车轮轴承支座中压出转向横拉杆球头	5		
			做转向横拉杆与球头销定位标记	5		
			正确拧下转向横拉杆接头	5		
			正确拆卸卡箍和防尘罩	5		
			正确拆卸转向横拉杆	5		
			正确检查转向横拉杆和球头销	5		
			正确安装转向横拉杆	5		
			正确安装卡箍及防尘罩	5		
			用润滑脂涂抹防尘罩连接转向横拉杆和转向器壳体的密封处	2		
			正确安装球头销	10		
			正确检查和调整转向横拉杆尺寸	5		
			正确紧固转向横拉杆固定螺母	2		
			正确安装车轮	4		
			按规定力矩紧固螺栓	5		
3	职业素养	“8S”管理	能遵循“8S”管理规定	5		
4	安全生产	1. 因违规操作导致工具、设备损坏，扣 10 分 2. 因违规操作导致触电、火灾和其他安全事故，以及设备重大损坏，记 0 分				
总评						

教师签名：　　　　　　　　　　　　考核日期：

任务2　液压动力转向系的结构与维修

实训课题1　液压动力转向系的检查

一、任务目标

1. 能正确查阅维修手册，熟练使用扳手等工具，规范完成液压动力转向系的检查。
2. 能在作业过程中严格执行“8S”管理规定。

二、任务准备

1. 实训场地

（1）实训场地应明亮、卫生、整洁。

（2）实训车辆应停放在规定位置。

2. 实训器材

根据任务要求，准备好相关的实训器材，清点核对后将检查结果记录在表4–2–1中。

表4–2–1　　实训器材清单

序号	名称	说明	检查结果
1	举升机		
2	工具车	配备常用工具	
3	零件车		
4	工作台		
5	维修手册	与实训车辆相匹配	
6	手电筒		
7	车内四件套		
8	车外三件套		
9	抹布		
10	转向助力油		
11	油盆		
12	车轮挡块		

3. 安全防护

（1）实训人员应着工装。

（2）实训车辆必须做好防护措施，确保车辆举升安全可靠。

（3）操作过程应规范、标准，设备使用应严格遵守操作规程，注意人身和设备安全。

三、任务实施

表 4-2-2　　液压动力转向系的检查

班级		姓名	
一、车辆信息			
车型		VIN 码	
行驶里程		外观检查	
二、操作过程			
序号	操作内容	情况记录	
1	车辆安全防护	车轮挡块： 车外三件套： 车内四件套： 驻车制动、挡位： 车辆举升位置：	
2	调整前轮位置	发动机状态： 前轮位置：	
3	检查转向助力油的油质及油位	检查方法： 油质： 油位：	
4	设置检查密封性条件	操作流程：	
5	检查易漏油部位密封性	转向器壳体的密封性： 转向器齿轮轴的密封性： 油管接头的密封性： 齿条的密封性：	
6	拆下转向油泵回油管，收集转向助力油	拆卸工具： 拆卸流程：	

续表

序号	操作内容	情况记录
7	排尽转向助力油	操作方法：
8	安装转向油泵回油管，加注转向助力油	安装工具： 安装方法： 油液位置：
9	调整转向助力油油位	操作流程：
10	发动机停止时排气	车辆位置： 发动机状态： 操作流程：
11	发动机起动时排气，排尽残余空气	车辆位置： 发动机状态： 操作流程：
12	按照“8S”管理规定整理实训场地	

三、任务总结

（对任务完成情况、技术要点、操作注意事项、存在问题等进行总结）

四、考核评价

表 4-2-3　考核评价表

<table>
<tr><td colspan="3">班级</td><td></td><td>姓名</td><td colspan="2"></td></tr>
<tr><th>序号</th><th>项目</th><th>内容</th><th>评价标准</th><th>配分</th><th>评价记录</th><th>得分</th></tr>
<tr><td rowspan="7">1</td><td rowspan="7">任务准备</td><td>实训场地</td><td>1. 实训场地明亮、卫生、整洁
2. 实训车辆停放在规定位置</td><td>2</td><td></td><td></td></tr>
<tr><td rowspan="3">实训器材</td><td>正确检查工具</td><td>1</td><td></td><td></td></tr>
<tr><td>正确检查仪器设备</td><td>1</td><td></td><td></td></tr>
<tr><td>工具、仪器设备摆放规范</td><td>1</td><td></td><td></td></tr>
<tr><td rowspan="3">安全防护</td><td>着装规范</td><td>1</td><td></td><td></td></tr>
<tr><td>规范安装车内四件套</td><td>2</td><td></td><td></td></tr>
<tr><td>规范安装车外三件套</td><td>2</td><td></td><td></td></tr>
<tr><td rowspan="14">2</td><td rowspan="14">任务实施</td><td rowspan="14">液压动力转向系的检查</td><td>作业前使车轮处于直线行驶位置</td><td>2</td><td></td><td></td></tr>
<tr><td>根据油液状态判断油位</td><td>3</td><td></td><td></td></tr>
<tr><td>密封性检查时达到检查条件</td><td>5</td><td></td><td></td></tr>
<tr><td>正确检查转向器壳体、转向器齿轮轴的密封性</td><td>5</td><td></td><td></td></tr>
<tr><td>正确检查所有油管接头的密封性</td><td>5</td><td></td><td></td></tr>
<tr><td>正确检查齿条的密封性</td><td>5</td><td></td><td></td></tr>
<tr><td>排出旧转向助力油前，拧下转向油罐的罐盖</td><td>5</td><td></td><td></td></tr>
<tr><td>正确拆下转向油泵回油管，将转向助力油放入油盆中</td><td>10</td><td></td><td></td></tr>
<tr><td>正确排尽转向助力油</td><td>10</td><td></td><td></td></tr>
<tr><td>正确安装转向油泵回油管</td><td>10</td><td></td><td></td></tr>
<tr><td>正确调整转向助力油油位</td><td>10</td><td></td><td></td></tr>
<tr><td>正确在发动机停止时排气</td><td>5</td><td></td><td></td></tr>
<tr><td>正确在发动机起动时排气</td><td>5</td><td></td><td></td></tr>
<tr><td>正确排出转向系中可能遗留的残余空气</td><td>5</td><td></td><td></td></tr>
</table>

续表

序号	项目	内容	评价标准	配分	评价记录	得分
3	职业素养	“8S”管理	能遵循“8S”管理规定	5		
4	安全生产	1. 因违规操作导致工具、设备损坏，扣10分 2. 因违规操作导致触电、火灾和其他安全事故，以及设备重大损坏，记0分				
总评						

教师签名：　　　　　　　　　　　　　考核日期：

实训课题2　液压动力转向器的拆装

一、任务目标

1. 能正确查阅维修手册，熟练使用扳手等工具，规范完成液压动力转向器的拆装。
2. 能在作业过程中严格执行“8S”管理规定。

二、任务准备

1. 实训场地

（1）实训场地应明亮、卫生、整洁。

（2）实训车辆应停放在规定位置。

2. 实训器材

根据任务要求，准备好相关的实训器材，清点核对后将检查结果记录在表4–2–4中。

表4–2–4　实训器材清单

序号	名称	说明	检查结果
1	举升机		
2	工具车	配备常用工具	
3	零件车		
4	工作台		
5	维修手册	与实训车辆相匹配	
6	手电筒		

续表

序号	名称	说明	检查结果
7	车内四件套		
8	车外三件套		
9	抹布		
10	软管夹紧器		
11	废油回收装置		
12	转向助力油		
13	球形万向节按压器		
14	车轮挡块		

3. 安全防护

（1）实训人员应着工装。

（2）实训车辆必须做好防护措施，确保车辆举升安全可靠。

（3）操作过程应规范、标准，设备使用应严格遵守操作规程，注意人身和设备安全。

三、任务实施

表 4–2–5　　液压动力转向器的拆装

<table>
<tr><td colspan="2">班级</td><td></td><td>姓名</td><td></td></tr>
<tr><td colspan="5">一、车辆信息</td></tr>
<tr><td>车型</td><td colspan="2"></td><td>VIN 码</td><td></td></tr>
<tr><td>行驶里程</td><td colspan="2"></td><td>外观检查</td><td></td></tr>
<tr><td colspan="5">二、操作过程</td></tr>
<tr><td>序号</td><td colspan="2">操作内容</td><td colspan="2">情况记录</td></tr>
<tr><td>1</td><td colspan="2">车辆安全防护</td><td colspan="2">车轮挡块：
车外三件套：
车内四件套：
驻车制动、挡位：
车辆举升位置：</td></tr>
</table>

续表

序号	操作内容	情况记录
2	拆卸蓄电池	拆卸工具： 拆卸流程：
3	拆卸驾驶员侧杂物箱	拆卸工具： 拆卸流程：
4	脱开万向节与转向器齿轮轴	拆卸工具： 拆卸流程：
5	封闭进油管和出油管	封闭工具：
6	拆卸前车轮	拆卸工具： 拆卸流程：
7	拆卸转向横拉杆球头销	拆卸工具： 拆卸流程：
8	拆卸回油软管的空心螺栓	拆卸工具：
9	拆出转向器	拆卸工具： 拆卸方法：
10	安装转向器	安装顺序： 拧紧力矩：
11	安装回油软管空心螺栓	安装工具：
12	安装转向横拉杆球头销	安装工具： 安装流程：

续表

序号	操作内容	情况记录
13	安装万向节与转向齿轮轴	安装工具： 安装流程：
14	安装驾驶员侧杂物箱	安装工具： 安装流程：
15	安装蓄电池	安装工具： 安装流程：
16	安装车轮	安装工具： 安装流程：
17	按照“8S”管理规定整理实训场地	

三、任务总结

（对任务完成情况、技术要点、操作注意事项、存在问题等进行总结）

四、考核评价

表 4–2–6　考核评价表

班级				姓名		
序号	项目	内容	评价标准	配分	评价记录	得分
1	任务准备	实训场地	1. 实训场地明亮、卫生、整洁 2. 实训车辆停放在规定位置	2		
		实训器材	正确检查工具	1		
			正确检查仪器设备	1		
			工具、仪器设备摆放规范	1		
		安全防护	着装规范	1		
			规范安装车内四件套	2		
			规范安装车外三件套	2		
2	任务实施	液压动力转向器拆装	作业前使车轮处于直线行驶位置	2		
			正确断开蓄电池负极接地线，并可靠固定	5		
			正确锁止转向柱位置并固定	5		
			正确拆卸驾驶员侧杂物箱	10		
			正确取出转向柱万向节紧固螺栓	10		
			正确脱开万向节与转向器齿轮轴	5		
			正确封闭进油管和出油管	2		
			正确拆卸前车轮	2		
			正确拆卸转向横拉杆球头销	5		
			正确放置废油回收装置	5		
			正确拆卸回油软管的空心螺栓	10		
			正确拆出转向器	5		

续表

序号	项目	内容	评价标准	配分	评价记录	得分
2	任务实施	液压动力转向器拆装	正确安装转向器	2		
			正确安装回油软管空心螺栓	5		
			正确安装转向横拉杆球头销	2		
			正确安装万向节与转向齿轮轴	2		
			正确安装驾驶员侧杂物箱	2		
			正确安装蓄电池负极连接线	2		
			正确安装车轮	2		
			按规定力矩紧固螺栓	2		
3	职业素养	“8S”管理	能遵循“8S”管理规定	5		
4	安全生产	1. 因违规操作导致工具、设备损坏，扣10分 2. 因违规操作导致触电、火灾和其他安全事故，以及设备重大损坏，记0分				
总评						

教师签名：　　　　　　　　　　　　考核日期：

任务 3　电控动力转向系的结构与维修

一、任务目标

1. 能正确查阅维修手册，熟练使用扳手等工具，规范完成电控机械式转向器的拆装。

2. 能在作业过程中严格执行“8S”管理规定。

二、任务准备

1. 实训场地

（1）实训场地应明亮、卫生、整洁。

（2）实训车辆应停放在规定位置。

2. 实训器材

根据任务要求，准备好相关的实训器材，清点核对后将检查结果记录在表 4–3–1 中。

表 4–3–1　　实训器材清单

序号	名称	说明	检查结果
1	举升机		
2	工具车	配备常用工具	
3	零件车		
4	工作台		
5	维修手册	与实训车辆相匹配	
6	手电筒		
7	车内四件套		
8	车外三件套		
9	抹布		
10	发动机和变速器举升装置		
11	球形万向节按压器		
12	车轮挡块		

3. 安全防护

（1）实训人员应着工装。

（2）实训车辆必须做好防护措施，确保车辆举升安全可靠。

（3）操作过程应规范、标准，设备使用应严格遵守操作规程，注意人身和设备安全。

三、任务实施

表 4–3–2　电控机械式转向器的拆装

<table>
<tr><td>班级</td><td colspan="2"></td><td>姓名</td><td></td></tr>
<tr><td colspan="5">一、车辆信息</td></tr>
<tr><td>车型</td><td colspan="2"></td><td>VIN 码</td><td></td></tr>
<tr><td>行驶
里程</td><td colspan="2"></td><td>外观检查</td><td></td></tr>
<tr><td colspan="5">二、操作过程</td></tr>
<tr><td>序号</td><td colspan="2">操作内容</td><td colspan="2">情况记录</td></tr>
<tr><td>1</td><td colspan="2">车辆安全防护</td><td colspan="2">车轮挡块：
车外三件套：
车内四件套：
驻车制动、挡位：
车辆举升位置：</td></tr>
<tr><td>2</td><td colspan="2">拆卸蓄电池</td><td colspan="2">拆卸工具：

拆卸方法：</td></tr>
<tr><td>3</td><td colspan="2">拆卸蓄电池座，松开转向器的线束连接插头</td><td colspan="2">拆卸工具：</td></tr>
<tr><td>4</td><td colspan="2">拆卸转向柱下方的脚部空间出风口</td><td colspan="2">拆卸工具：

拆卸方法：</td></tr>
<tr><td>5</td><td colspan="2">拆卸转向柱下方的脚部空间饰板</td><td colspan="2">拆卸工具：

拆卸方法：</td></tr>
</table>

续表

序号	操作内容	情况记录
6	脱开万向节与转向器齿轮轴	拆卸工具： 拆卸方法：
7	拆卸副车架固定螺栓	拆卸工具：
8	拆卸转向器固定螺栓	拆卸工具：
9	松脱转向横拉杆球头	拆卸工具：
10	拆卸转向器线束固定卡	拆卸工具：
11	降下副车架及转向器	操作方法：
12	拆卸转向器隔热板	拆卸工具：
13	拆下转向器	拆卸方法：
14	安装转向器	安装顺序： 拧紧力矩：
15	安装转向器隔热板	安装工具：
16	安装副车架	安装工具：
17	安装转向器连接线束	安装工具：
18	安装蓄电池座及蓄电池	安装工具：
19	安装万向节与转向器齿轮轴	安装工具：
20	安装转向柱下方的脚部空间出风口	安装工具：
21	安装转向柱下方的脚部空间饰板	安装工具：
22	按照“8S”管理规定整理实训场地	

续表

三、任务总结
（对任务完成情况、技术要点、操作注意事项、存在问题等进行总结）

四、考核评价

表 4-3-3　考核评价表

班级				姓名		
序号	项目	内容	评价标准	配分	评价记录	得分
1	任务准备	实训场地	1. 实训场地明亮、卫生、整洁 2. 实训车辆停放在规定位置	2		
		实训器材	正确检查工具	1		
			正确检查仪器设备	1		
			工具、仪器设备摆放规范	1		
		安全防护	着装规范	1		
			规范安装车内四件套	2		
			规范安装车外三件套	2		
2	任务实施	电控机械式转向器的拆装	作业前使车轮处于直线行驶位置	2		
			正确拆卸蓄电池	5		
			正确拆卸蓄电池座，并松开转向器的线束连接插头	5		
			正确拆卸转向柱下方的脚部空间出风口	3		

续表

序号	项目	内容	评价标准	配分	评价记录	得分
2	任务实施	电控机械式转向器的拆装	正确拆卸转向柱下方的脚部空间饰板	3		
			正确脱开万向节与转向器齿轮轴	5		
			及时安装发动机和变速器举升装置	2		
			正确拆下副车架	10		
			正确脱开转向横拉杆球头销	5		
			及时拆卸转向器的连接线束	5		
			正确取出转向器	10		
			正确安装转向器隔热板	5		
			正确安装副车架	10		
			正确安装转向器连接线束	5		
			正确安装蓄电池座及蓄电池	2		
			正确安装万向节与转向器齿轮轴	2		
			正确安装转向柱下方的脚部空间出风口	2		
			正确安装转向柱下方的脚部空间饰板	2		
			按规定力矩紧固螺栓	2		
3	职业素养	“8S”管理	能遵循“8S”管理规定	5		
4	安全生产	1. 因违规操作导致工具、设备损坏，扣 10 分 2. 因违规操作导致触电、火灾和其他安全事故，以及设备重大损坏，记 0 分				
总评						

教师签名：　　　　　　　　　　　　　　考核日期：

项目五

制动系构造与维修

任务1　车轮制动器的结构与维修

实训课题1　鼓式制动器的拆检

一、任务目标

1. 能正确查阅维修手册，熟练使用内沟槽游标卡尺等工具，规范完成鼓式制动器的拆检。

2. 能在作业过程中严格执行“8S”管理规定。

二、任务准备

1. 实训场地

（1）实训场地应明亮、卫生、整洁。

（2）实训车辆应停放在规定位置。

2. 实训器材

根据任务要求，准备好相关的实训器材，清点核对后将检查结果记录在表5–1–1中。

表5–1–1　　实训器材清单

序号	名称	说明	检查结果
1	举升机		
2	工具车	配备常用工具	
3	零件车		
4	工作台		

续表

序号	名称	说明	检查结果
5	维修手册	与实训车辆相匹配	
6	手电筒		
7	车内四件套		
8	车外三件套		
9	抹布		
10	记号笔		
11	润滑脂		
12	白垩		
13	钢板尺		
14	内沟槽游标卡尺		
15	车轮挡块		

3. 安全防护

（1）实训人员应着工装。

（2）实训车辆必须做好防护措施，确保车辆举升安全可靠。

（3）操作过程应规范、标准，设备使用应严格遵守操作规程，注意人身和设备安全。

三、任务实施

表 5–1–2　　鼓式制动器的拆检

<table>
<tr><td colspan="2">班级</td><td></td><td>姓名</td><td colspan="2"></td></tr>
<tr><td colspan="6">一、车辆信息</td></tr>
<tr><td>车型</td><td colspan="2"></td><td>VIN 码</td><td colspan="2"></td></tr>
<tr><td>行驶里程</td><td colspan="2"></td><td>外观检查</td><td colspan="2"></td></tr>
<tr><td colspan="6">二、操作过程</td></tr>
<tr><td>序号</td><td colspan="2">操作内容</td><td colspan="3">情况记录</td></tr>
<tr><td>1</td><td colspan="2">车辆安全防护</td><td colspan="3">车轮挡块：
车外三件套：
车内四件套：
驻车制动、挡位：
车辆举升位置：</td></tr>
</table>

续表

序号	操作内容	情况记录
2	拆卸车轮	驻车制动器是否松开： 拆卸工具： 拆卸顺序：
3	拆卸车轮轴承调整螺母	拆卸工具： 拆卸流程：
4	拆卸制动鼓	拆卸方法：
5	拆卸上回位弹簧和自动调整杆张紧弹簧	拆卸工具：
6	拆卸下回位弹簧	拆卸工具：
7	拆卸前、后制动蹄	拆卸流程：
8	检查制动鼓内表面	清洁方法： 是否有烧损、刮痕和凹陷： 是否更换：
9	测量制动鼓内径尺寸	制动鼓内径： 圆度误差： 标准值： 是否更换：
10	测量制动蹄摩擦片的厚度	制动蹄摩擦片厚度： 表面深度： 标准值： 是否更换：
11	检查制动蹄与制动鼓接触面积	接触面积： 标准值： 是否更换：
12	安装前制动蹄	是否涂抹润滑脂： 安装工具：
13	安装后制动蹄	驻车制动拉线是否安装到位： 安装工具：
14	安装上回位弹簧和自动调整杆张紧弹簧	安装工具：

续表

序号	操作内容	情况记录
15	安装下回位弹簧	安装工具：
16	安装制动鼓	调整螺母是否到位：
17	调整制动蹄与制动鼓间隙	调整方法： 间隙是否调整到位：
18	安装车轮	螺栓安装顺序： 规定力矩：
19	按照“8S”管理规定整理实训场地	
三、任务总结		
（对任务完成情况、技术要点、操作注意事项、存在问题等进行总结）		

四、考核评价

表 5–1–3　　考核评价表

班级				姓名		
序号	项目	内容	评价标准	配分	评价记录	得分
1	任务准备	实训场地	1. 实训场地明亮、卫生、整洁 2. 实训车辆停放在规定位置	2		
		实训器材	正确检查工具	1		
			正确检查仪器设备	1		
			工具、仪器设备摆放规范	1		

续表

序号	项目	内容	评价标准	配分	评价记录	得分
1	任务准备	安全防护	着装规范	1		
			规范安装车内四件套	2		
			规范安装车外三件套	2		
2	任务实施	鼓式制动器的拆检	松开驻车制动器	5		
			正确拆装车轮	8		
			正确拆下制动鼓	6		
			正确拆卸上回位弹簧和自动调整杆张紧弹簧	6		
			正确拆卸前、后制动蹄	6		
			正确清洁制动鼓、制动蹄	6		
			正确测量并判断制动鼓内径	6		
			正确测量制动蹄摩擦片厚度	6		
			正确检查制动鼓与制动蹄接触面积	6		
			正确在维修手册要求位置涂抹润滑脂	6		
			正确安装前、后制动蹄	6		
			正确安装上回位弹簧和自动调整杆张紧弹簧	6		
			正确安装并调整车轮轴承螺母	6		
			正确调整制动蹄与制动鼓间隙	6		
3	职业素养	“8S”管理	能遵循“8S”管理规定	5		
4	安全生产	1. 因违规操作导致工具、设备损坏，扣 10 分 2. 因违规操作导致触电、火灾和其他安全事故，以及设备重大损坏，记 0 分				
总评						

教师签名：　　　　　　　　　　　　　　考核日期：

实训课题 2　盘式制动器的拆检

一、任务目标

1. 能正确查阅维修手册，熟练使用千分尺等工具，规范完成盘式制动器的拆检。
2. 能在作业过程中严格执行“8S”管理规定。

二、任务准备

1. 实训场地

（1）实训场地应明亮、卫生、整洁。
（2）实训车辆应停放在规定位置。

2. 实训器材

根据任务要求，准备好相关的实训器材，清点核对后将检查结果记录在表 5–1–4 中。

表 5–1–4　实训器材清单

序号	名称	说明	检查结果
1	举升机		
2	工具车	配备常用工具	
3	零件车		
4	工作台		
5	维修手册	与实训车辆相匹配	
6	手电筒		
7	车内四件套		
8	车外三件套		
9	抹布		
10	记号笔		
11	锂皂基乙二醇润滑脂		
12	软管密封夹		
13	钢板尺		
14	千分尺		

续表

序号	名称	说明	检查结果
15	磁性表座及百分表头		
16	胶带		
17	气枪		
18	护目镜		
19	制动液	与实训车辆相匹配	
20	车轮挡块		

3. 安全防护

（1）实训人员应着工装。

（2）实训车辆必须做好防护措施，确保车辆举升安全可靠。

（3）操作过程应规范、标准，设备使用应严格遵守操作规程，注意人身和设备安全。

三、任务实施

表 5–1–5　　盘式制动器的拆检

<table>
<tr><td>班级</td><td colspan="2"></td><td>姓名</td><td></td></tr>
<tr><td colspan="5">一、车辆信息</td></tr>
<tr><td>车型</td><td colspan="2"></td><td>VIN 码</td><td></td></tr>
<tr><td>行驶
里程</td><td colspan="2"></td><td>外观检查</td><td></td></tr>
<tr><td colspan="5">二、操作过程</td></tr>
<tr><td>序号</td><td colspan="2">操作内容</td><td colspan="2">情况记录</td></tr>
<tr><td>1</td><td colspan="2">车辆安全防护</td><td colspan="2">车轮挡块：
车外三件套：
车内四件套：
驻车制动、挡位：
车辆举升位置：</td></tr>
<tr><td>2</td><td colspan="2">拆卸车轮</td><td colspan="2">拆卸工具：

拆卸顺序：</td></tr>
</table>

续表

序号	操作内容	情况记录
3	拆卸制动钳挠性软管	注意事项：
4	拆卸盘式制动器制动轮缸和制动块	拆卸工具：
5	拆卸盘式制动器制动轮缸支架	拆卸工具： 拆卸顺序：
6	拆卸制动轮缸上的固定环和防尘套	拆卸工具： 注意事项：
7	拆卸盘式制动器制动轮缸活塞和密封件	拆卸工具： 注意事项：
8	测量制动块摩擦片厚度	测量方法： 制动块摩擦片厚度： 标准数值： 是否更换：
9	检查制动盘厚度	检查方法： 制动盘厚度： 标准数值： 是否更换：
10	检查制动盘端面圆跳动	检查方法： 端面圆跳动： 标准数值： 是否更换：
11	安装活塞到盘式制动器制动轮缸内	安装顺序： 注意事项：
12	安装盘式制动器制动轮缸支架	规定力矩：
13	安装制动块和制动钳体	规定力矩：
14	安装挠性软管	规定力矩：

续表

序号	操作内容	情况记录
15	向储液罐加注制动液，并排出空气	加注标准： 注意事项：
16	安装车轮	规定力矩：
17	按照“8S”管理规定整理实训场地	
三、任务总结		
（对任务完成情况、技术要点、操作注意事项、存在问题等进行总结）		

四、考核评价

表 5-1-6　　考核评价表

班级				姓名		
序号	项目	内容	评价标准	配分	评价记录	得分
1	任务准备	实训场地	1. 实训场地明亮、卫生、整洁 2. 实训车辆停放在规定位置	2		
		实训器材	正确检查工具	1		
			正确检查仪器设备	1		
			工具、仪器设备摆放规范	1		
		安全防护	着装规范	1		
			规范安装车内四件套	2		
			规范安装车外三件套	2		

续表

序号	项目	内容	评价标准	配分	评价记录	得分
2	任务实施	盘式制动器的拆检	正确拆装车轮	2		
			安装挠性软管密封夹，制动液未滴落到地面	5		
			正确拆卸制动轮缸和制动块	10		
			正确拆卸制动轮缸支架	5		
			正确拆卸制动轮缸活塞	10		
			使用气枪时正确佩戴护目镜	2		
			正确测量并判断制动块摩擦片厚度	5		
			正确测量并判断制动盘厚度	5		
			正确检查制动盘端面圆跳动	5		
			正确在维修手册要求位置涂抹锂皂基乙二醇润滑脂	5		
			正确安装制动轮缸活塞	10		
			正确安装制动轮缸支架	5		
			正确安装制动块和制动钳体	6		
			正确加注制动液并排出空气	6		
			按规定力矩紧固螺栓	4		
3	职业素养	“8S”管理	能遵循“8S”管理规定	5		
4	安全生产	1. 因违规操作导致工具、设备损坏，扣 10 分 2. 因违规操作导致触电、火灾和其他安全事故，以及设备重大损坏，记 0 分				
总评						

教师签名： 考核日期：

任务 2　驻车制动器的结构与维修

一、任务目标

1. 能正确查阅维修手册，熟练使用扳手等工具，规范完成驻车制动器的检查与调整。

2. 能在作业过程中严格执行“8S”管理规定。

二、任务准备

1. 实训场地

（1）实训场地应明亮、卫生、整洁。

（2）实训车辆应停放在规定位置。

2. 实训器材

根据任务要求，准备好相关的实训器材，清点核对后将检查结果记录在表 5-2-1 中。

表 5-2-1　　实训器材清单

序号	名称	说明	检查结果
1	举升机		
2	工具车	配备常用工具	
3	零件车		
4	工作台		
5	维修手册	与实训车辆相匹配	
6	手电筒		
7	车内四件套		
8	车外三件套		
9	抹布		
10	记号笔		
11	车轮挡块		

3. 安全防护

（1）实训人员应着工装。

（2）实训车辆必须做好防护措施，确保车辆举升安全可靠。

（3）操作过程应规范、标准，设备使用应严格遵守操作规程，注意人身和设备安全。

三、任务实施

表 5-2-2　　驻车制动器的检查与调整

班级		姓名	
一、车辆信息			
车型		VIN 码	
行驶里程		外观检查	
二、操作过程			
序号	操作内容	情况记录	
1	车辆安全防护	车轮挡块： 车外三件套： 车内四件套： 驻车制动、挡位： 车辆举升位置：	
2	检查驻车制动杆的工作行程	工作行程： 标准要求： 是否符合：	
3	放松驻车制动杆	变速器挡位： 注意事项：	
4	松开驻车制动杆至最低位置	驻车制动杆位置：	
5	拧松拉线调整螺母	旋转方向： 调整位置：	
6	调整制动蹄与制动鼓间隙	车辆位置： 调整方法： 调整标准：	

续表

序号	操作内容	情况记录
7	拉紧驻车制动杆	拉紧齿数：
8	锁紧拉线调整螺母	使用工具： 锁紧标准：
9	再次检查驻车制动器，直至符合规定	是否符合规定：
10	按照“8S”管理规定整理实训场地	
三、任务总结		
（对任务完成情况、技术要点、操作注意事项、存在问题等进行总结）		

四、考核评价

表 5–2–3　　考核评价表

班级				姓名		
序号	项目	内容	评价标准	配分	评价记录	得分
1	任务准备	实训场地	1. 实训场地明亮、卫生、整洁 2. 实训车辆停放在规定位置	2		
		实训器材	正确检查工具	1		
			正确检查仪器设备	1		
			工具、仪器设备摆放规范	1		
		安全防护	着装规范	1		
			规范安装车内四件套	2		
			规范安装车外三件套	2		

续表

序号	项目	内容	评价标准	配分	评价记录	得分
2	任务实施	驻车制动器的检查与调整	正确检查驻车制动杆的工作行程	10		
			正确检查放松驻车制动杆时的车轮状态	10		
			在调整驻车制动器时，放松驻车制动杆至最低位置	5		
			正确地将拉线调至完全放松状态	10		
			正确调整驻车制动器的间隙	10		
			正确地将驻车制动杆拉紧 3 个齿	10		
			拧紧拉线调整螺母后，正确检查两后轮的状态	10		
			正确锁紧调整螺母	10		
			正确地再次检查驻车制动器是否符合规定	10		
3	职业素养	“8S”管理	能遵循“8S”管理规定	5		
4	安全生产	1. 因违规操作导致工具、设备损坏，扣 10 分 2. 因违规操作导致触电、火灾和其他安全事故，以及设备重大损坏，记 0 分				
总评						

教师签名：　　　　　　　　　　　　　　考核日期：

任务3　液压式制动传动装置的结构与维修

实训课题1　制动主缸和制动轮缸的拆检

一、任务目标

1. 能正确查阅维修手册，熟练使用内径百分表等工具，规范完成制动主缸和制动轮缸的拆检。

2. 能在作业过程中严格执行“8S”管理规定。

二、任务准备

1. 实训场地

（1）实训场地应明亮、卫生、整洁。

（2）实训车辆应停放在规定位置。

2. 实训器材

根据任务要求，准备好相关的实训器材，清点核对后将检查结果记录在表5-3-1中。

表5-3-1　实训器材清单

序号	名称	说明	检查结果
1	工具车	配备常用工具	
2	零件车		
3	工作台		
4	维修手册	与实训车辆相匹配	
5	手电筒		
6	气枪		
7	护目镜		
8	外径千分尺		
9	抹布		
10	记号笔		
11	制动液		
12	内径百分表		

3. 安全防护

（1）实训人员应着工装。

（2）操作过程应规范、标准，设备使用应严格遵守操作规程，注意人身和设备安全。

三、任务实施

表 5-3-2　　制动主缸和制动轮缸的拆检

班级		姓名	
一、车辆信息			
车型		VIN 码	
行驶里程		外观检查	
二、操作过程			

序号	操作内容	情况记录
1	分解制动主缸并清洗	使用工具： 清洗方法：
2	检查储液罐	是否破损、泄漏： 是否更换：
3	检查制动主缸缸体内孔	是否有划伤和腐蚀： 是否符合要求：
4	检查制动主缸活塞表面	是否有划伤和腐蚀： 是否符合要求：
5	测量制动主缸缸体内孔直径	测量工具： 内孔直径： 标准值： 是否符合要求：
6	测量制动主缸活塞外径	测量工具： 活塞外径： 缸体内孔与活塞之间的间隙： 标准值： 是否更换：
7	检查制动主缸皮碗、密封圈	是否老化、损坏与磨损： 是否更换：

续表

序号	操作内容	情况记录
8	分解制动轮缸并清洗	使用工具： 清洗方法：
9	检查制动轮缸缸体内孔	是否有烧蚀、刮伤和磨损： 处理方法：
10	检查制动轮缸活塞表面	是否有烧蚀、刮伤和磨损： 是否符合要求：
11	测量制动轮缸缸体内孔直径	测量工具： 内孔直径： 标准值： 是否符合要求：
12	测量制动轮缸活塞外径	测量工具： 活塞外径： 缸体内孔与活塞之间的间隙： 标准值： 是否符合要求：
13	组装制动主缸和制动轮缸	注意事项：
14	按照“8S”管理规定整理实训场地	

三、任务总结

（对任务完成情况、技术要点、操作注意事项、存在问题等进行总结）

四、考核评价

表 5-3-3　　考核评价表

班级				姓名		
序号	项目	内容	评价标准	配分	评价记录	得分
1	任务准备	实训场地	1. 实训场地明亮、卫生、整洁 2. 实训车辆停放在规定位置	2		
		实训器材	正确检查工具	1		
			正确检查仪器设备	1		
			工具、仪器设备摆放规范	1		
		安全防护	着装规范	1		
			按规定佩戴护目镜	2		
			按规定戴防护手套	2		
2	任务实施	制动主缸和制动轮缸的拆检	正确分解并清洗制动主缸	10		
			正确检查储液罐	5		
			正确检查制动主缸缸体内孔	5		
			正确检查制动主缸活塞	5		
			正确测量制动主缸缸体内孔直径	5		
			正确测量制动主缸活塞外径	5		
			正确计算并判断制动主缸缸体内孔与活塞之间的间隙	5		
			正确组装制动主缸	5		
			正确分解并清洗制动轮缸	10		
			正确检查制动轮缸缸体内孔	5		
			正确检查制动轮缸活塞	5		
			正确测量制动轮缸缸体内孔直径	5		
			正确测量制动轮缸活塞外径	5		
			正确计算并判断制动轮缸缸体内孔与活塞之间的间隙	5		
			正确组装制动轮缸	5		

续表

序号	项目	内容	评价标准	配分	评价记录	得分
3	职业素养	“8S”管理	能遵循“8S”管理规定	5		
4	安全生产	1. 因违规操作导致工具、设备损坏，扣10分 2. 因违规操作导致触电、火灾和其他安全事故，以及设备重大损坏，记0分				
总评						

教师签名：　　　　　　　　　　　　　　考核日期：

实训课题2　制动液的更换

一、任务目标

1. 能正确查阅维修手册，熟练使用制动液更换机等设备，规范完成制动液的更换。
2. 能在作业过程中严格执行“8S”管理规定。

二、任务准备

1. 实训场地

（1）实训场地应明亮、卫生、整洁。

（2）实训车辆应停放在规定位置。

2. 实训器材

根据任务要求，准备好相关的实训器材，清点核对后将检查结果记录在表5-3-4中。

表5-3-4　实训器材清单

序号	名称	说明	检查结果
1	举升机		
2	工具车	配备常用工具	
3	零件车		
4	工作台		
5	维修手册	与实训车辆相匹配	
6	头灯		

续表

序号	名称	说明	检查结果
7	车内四件套		
8	车外三件套		
9	制动液更换机		
10	安全帽		
11	抹布		
12	车轮挡块		

3. 安全防护

（1）实训人员应着工装。

（2）实训车辆必须做好防护措施，确保车辆举升安全可靠。

（3）操作过程应规范、标准，设备使用应严格遵守操作规程，注意人身和设备安全。

三、任务实施

表 5-3-5 制动液的更换

班级		姓名	
一、车辆信息			
车型		VIN 码	
行驶里程		外观检查	
二、操作过程			

序号	操作内容	情况记录
1	车辆安全防护	车轮挡块： 车外三件套： 车内四件套： 驻车制动、挡位： 车辆举升位置：
2	用连接盖将充液软管连接到车辆制动主缸的储液罐上	连接要求：

续表

序号	操作内容	情况记录
3	将新的制动液加入制动液更换机内	添加方法： 制动液型号：
4	将加注机的软管连接到制动轮缸放液接口	注意事项：
5	启动制动液更换机，完成制动液更换	旧制动液指示管内液面情况： 废液排出量： 管路内制动液颜色： 是否完成更换：
6	更换结束，拧紧放液螺塞	注意事项：
7	检查液面高度	液面位置： 制动性能是否正常：
8	按照“8S”管理规定整理实训场地	

三、任务总结

（对任务完成情况、技术要点、操作注意事项、存在问题等进行总结）

四、考核评价

表 5-3-6　　考核评价表

<table>
<tr><td colspan="3">班级</td><td></td><td>姓名</td><td colspan="2"></td></tr>
<tr><th>序号</th><th>项目</th><th>内容</th><th>评价标准</th><th>配分</th><th>评价记录</th><th>得分</th></tr>
<tr><td rowspan="10">1</td><td rowspan="10">任务准备</td><td>实训场地</td><td>1. 实训场地明亮、卫生、整洁
2. 实训车辆停放在规定位置</td><td>5</td><td></td><td rowspan="10"></td></tr>
<tr><td rowspan="3">实训器材</td><td>正确检查工具</td><td>2</td><td></td></tr>
<tr><td>正确检查仪器设备</td><td>2</td><td></td></tr>
<tr><td>工具、仪器设备摆放规范</td><td>1</td><td></td></tr>
<tr><td rowspan="5">安全防护</td><td>着装规范</td><td>2</td><td></td></tr>
<tr><td>规范安装车内四件套</td><td>2</td><td></td></tr>
<tr><td>规范安装车外三件套</td><td>2</td><td></td></tr>
<tr><td>正确进行环车检查</td><td>2</td><td></td></tr>
<tr><td>规范安装车轮挡块</td><td>2</td><td></td></tr>
<tr style="display:none"></tr>
<tr><td rowspan="8">2</td><td rowspan="8">任务实施</td><td rowspan="4">制动液更换机的准备</td><td>正确选择连接盖</td><td>5</td><td></td><td rowspan="8"></td></tr>
<tr><td>正确选择制动液型号</td><td>10</td><td></td></tr>
<tr><td>添加足量的制动液</td><td>10</td><td></td></tr>
<tr><td>正确可靠连接软管</td><td>10</td><td></td></tr>
<tr><td rowspan="4">制动液的更换</td><td>正确拧开制动轮缸放液螺塞</td><td>10</td><td></td></tr>
<tr><td>正确观察软管内制动液</td><td>10</td><td></td></tr>
<tr><td>正确检查是否有渗漏</td><td>10</td><td></td></tr>
<tr><td>正确检查制动液液面高度</td><td>10</td><td></td></tr>
<tr><td>3</td><td>职业素养</td><td>“8S”管理</td><td>能遵循“8S”管理规定</td><td>5</td><td></td><td></td></tr>
<tr><td>4</td><td>安全生产</td><td colspan="3">1. 因违规操作导致工具、设备损坏，扣 10 分
2. 因违规操作导致触电、火灾和其他安全事故，以及设备重大损坏，记 0 分</td><td></td><td></td></tr>
<tr><td colspan="5">总评</td><td></td><td></td></tr>
</table>

教师签名：　　　　　　　　　　考核日期：

任务 4　制动增压装置的结构与维修

一、任务目标

1. 能正确查阅维修手册，熟练使用真空表等工具，规范完成真空助力器的密封性检查以及真空试验。

2. 能在作业过程中严格执行“8S”管理规定。

二、任务准备

1. 实训场地

（1）实训场地应明亮、卫生、整洁。

（2）实训车辆应停放在规定位置。

2. 实训器材

根据任务要求，准备好相关的实训器材，清点核对后将检查结果记录在表 5–4–1 中。

表 5–4–1　实训器材清单

序号	名称	说明	检查结果
1	举升机		
2	工具车	配备常用工具	
3	零件车		
4	工作台		
5	维修手册	与实训车辆相匹配	
6	真空表		
7	T 形管		
8	软管及卡紧装置		
9	头灯		
10	车内四件套		
11	车外三件套		
12	安全帽		
13	抹布		
14	车轮挡块		

3. 安全防护

（1）实训人员应着工装。

（2）实训车辆必须做好防护措施，确保车辆举升安全可靠。

（3）操作过程应规范、标准，设备使用应严格遵守操作规程，注意人身和设备安全。

三、任务实施

表 5–4–2 真空助力器的检查

<table>
<tr><td colspan="2">班级</td><td></td><td>姓名</td><td></td></tr>
<tr><td colspan="5">一、车辆信息</td></tr>
<tr><td>车型</td><td colspan="2"></td><td>VIN 码</td><td></td></tr>
<tr><td>行驶里程</td><td colspan="2"></td><td>外观检查</td><td></td></tr>
<tr><td colspan="5">二、操作过程</td></tr>
<tr><td>序号</td><td colspan="2">操作内容</td><td colspan="2">情况记录</td></tr>
<tr><td>1</td><td colspan="2">车辆安全防护</td><td colspan="2">车轮挡块：
车外三件套：
车内四件套：
驻车制动、挡位：
车辆举升位置：</td></tr>
<tr><td>2</td><td colspan="2">消除真空助力器中残余的真空度</td><td colspan="2">发动机状态：
操作方法：</td></tr>
<tr><td>3</td><td colspan="2">用适当的力踩住制动踏板，检查真空助力器工作状态</td><td colspan="2">发动机状态：
制动踏板位置是否下降：
真空助力器是否正常：</td></tr>
<tr><td>4</td><td colspan="2">将 T 形管、真空表、软管及卡紧装置等连接好</td><td colspan="2">注意事项：</td></tr>
<tr><td>5</td><td colspan="2">起动发动机，怠速运转 1 min 后熄火，观察真空表的变化</td><td colspan="2">发动机转速：
真空度：
真空度变化量：
判断结果：</td></tr>
<tr><td>6</td><td colspan="2">按照“8S”管理规定整理实训场地</td><td colspan="2"></td></tr>
</table>

续表

三、任务总结
（对任务完成情况、技术要点、操作注意事项、存在问题等进行总结）

四、考核评价

表 5-4-3　　考核评价表

班级				姓名		
序号	项目	内容	评价标准	配分	评价记录	得分
1	任务准备	实训场地	1. 实训场地明亮、卫生、整洁 2. 实训车辆停放在规定位置	5		
		实训器材	正确检查工具	2		
			正确检查仪器设备	2		
			工具、仪器设备摆放规范	1		
		安全防护	着装规范	2		
			规范安装车内四件套	2		
			规范安装车外三件套	2		
			正确进行环车检查	2		
			规范安装车轮挡块	2		
2	任务实施	真空助力器的检查	正确消除真空助力器中残余的真空度	10		
			正确观察制动踏板的位置	10		
			正确连接真空表	10		

续表

序号	项目	内容	评价标准	配分	评价记录	得分
2	任务实施	真空助力器的检查	正确检查连接管路的密封性	10		
			正确切断真空助力器真空单向阀与进气歧管之间的通路	15		
			正确判断真空助力器的工作性能	20		
3	职业素养	“8S”管理	能遵循“8S”管理规定	5		
4	安全生产	1. 因违规操作导致工具、设备损坏，扣10分 2. 因违规操作导致触电、火灾和其他安全事故，以及设备重大损坏，记0分				
总评						

教师签名：　　　　　　　　　　考核日期：

任务 5　汽车防滑控制系统的结构与维修

实训课题 1　制动压力调节器的拆装

一、任务目标

1. 能正确查阅维修手册，熟练使用套筒扳手等工具，规范完成制动压力调节器的拆装。

2. 能在作业过程中严格执行“8S”管理规定。

二、任务准备

1. 实训场地

（1）实训场地应明亮、卫生、整洁。

（2）实训车辆应停放在规定位置。

2. 实训器材

根据任务要求，准备好相关的实训器材，清点核对后将检查结果记录在表 5–5–1 中。

表 5–5–1　　实训器材清单

序号	名称	说明	检查结果
1	举升机		
2	压具		
3	工具车	配备常用工具	
4	零件车		
5	工作台		
6	维修手册	与实训车辆相匹配	
7	头灯		
8	车外三件套		
9	车内四件套		
10	安全帽		
11	抹布		
12	车轮挡块		

3. 安全防护

（1）实训人员应着工装。

（2）实训车辆必须做好防护措施，确保车辆举升安全可靠。

（3）操作过程应规范、标准，设备使用应严格遵守操作规程，注意人身和设备安全。

三、任务实施

表 5–5–2　　制动压力调节器的拆装

<table>
<tr><td colspan="2">班级</td><td></td><td>姓名</td><td></td></tr>
<tr><td colspan="5">一、车辆信息</td></tr>
<tr><td>车型</td><td colspan="2"></td><td>VIN 码</td><td></td></tr>
<tr><td>行驶里程</td><td colspan="2"></td><td>外观检查</td><td></td></tr>
<tr><td colspan="5">二、操作过程</td></tr>
<tr><td>序号</td><td colspan="2">操作内容</td><td colspan="2">情况记录</td></tr>
<tr><td>1</td><td colspan="2">车辆安全防护</td><td colspan="2">车轮挡块：
车外三件套：
车内四件套：
驻车制动、挡位：
车辆举升位置：</td></tr>
<tr><td>2</td><td colspan="2">断开电源及电子控制单元连接</td><td colspan="2">操作顺序：</td></tr>
<tr><td>3</td><td colspan="2">拆卸连接制动主缸和液压控制单元的油管</td><td colspan="2">拆卸顺序：

注意事项：</td></tr>
<tr><td>4</td><td colspan="2">拆卸液压控制单元通到各制动轮缸的四根制动油管</td><td colspan="2">拆卸顺序：

是否做标记：
处理措施：</td></tr>
</table>

续表

序号	操作内容	情况记录
5	把制动压力调节器从支架上拆下来，分离液压控制单元与 ABS ECU	使用工具：
6	组装液压控制单元和 ABS ECU	组装顺序： 规定力矩：
7	装复 ABS 系统	装配顺序： 规定力矩：
8	对 ABS 系统充液和放气	使用工具： 操作顺序：
9	按照“8S”管理规定整理实训场地	

三、任务总结

（对任务完成情况、技术要点、操作注意事项、存在问题等进行总结）

四、考核评价

表 5–5–3　　考核评价表

<table>
<tr><td colspan="3">班级</td><td></td><td>姓名</td><td colspan="2"></td></tr>
<tr><th>序号</th><th>项目</th><th>内容</th><th>评价标准</th><th>配分</th><th>评价记录</th><th>得分</th></tr>
<tr><td rowspan="7">1</td><td rowspan="7">任务准备</td><td>实训场地</td><td>1. 实训场地明亮、卫生、整洁
2. 实训车辆停放在规定位置</td><td>2</td><td></td><td></td></tr>
<tr><td rowspan="3">实训器材</td><td>正确检查工具</td><td>1</td><td></td><td></td></tr>
<tr><td>正确检查仪器设备</td><td>1</td><td></td><td></td></tr>
<tr><td>工具、仪器设备摆放规范</td><td>1</td><td></td><td></td></tr>
<tr><td rowspan="3">安全防护</td><td>着装规范</td><td>1</td><td></td><td></td></tr>
<tr><td>规范安装车内四件套</td><td>2</td><td></td><td></td></tr>
<tr><td>规范安装车外三件套</td><td>2</td><td></td><td></td></tr>
<tr><td rowspan="12">2</td><td rowspan="12">任务实施</td><td rowspan="12">制动压力调节器的拆装</td><td>正确断开电源及电子控制单元连接</td><td>5</td><td></td><td></td></tr>
<tr><td>正确拆卸连接制动主缸和液压控制单元的油管</td><td>10</td><td></td><td></td></tr>
<tr><td>正确标记制动主缸和液压控制单元的油管</td><td>5</td><td></td><td></td></tr>
<tr><td>正确拆卸液压控制单元通到各制动轮缸的四根制动油管</td><td>10</td><td></td><td></td></tr>
<tr><td>正确标记液压控制单元通到各制动轮缸的油管</td><td>5</td><td></td><td></td></tr>
<tr><td>正确拆下制动压力调节器</td><td>5</td><td></td><td></td></tr>
<tr><td>正确分离液压控制单元与 ABS ECU</td><td>10</td><td></td><td></td></tr>
<tr><td>正确组装液压控制单元与 ABS ECU</td><td>10</td><td></td><td></td></tr>
<tr><td>按照标记正确安装制动油管</td><td>5</td><td></td><td></td></tr>
<tr><td>正确装复 ABS 系统</td><td>10</td><td></td><td></td></tr>
<tr><td>正确对 ABS 系统放气</td><td>5</td><td></td><td></td></tr>
<tr><td>正确补充制动液</td><td>5</td><td></td><td></td></tr>
</table>

续表

序号	项目	内容	评价标准	配分	评价记录	得分
3	职业素养	“8S”管理	能遵循“8S”管理规定	5		
4	安全生产	1. 因违规操作导致工具、设备损坏，扣 10 分 2. 因违规操作导致触电、火灾和其他安全事故，以及设备重大损坏，记 0 分				
总评						

教师签名：　　　　　　　　　　　　考核日期：

实训课题 2　轮速传感器的检查

一、任务目标

1. 能正确查阅维修手册，熟练使用故障诊断仪等设备，规范完成轮速传感器的检查。
2. 能在作业过程中严格执行“8S”管理规定。

二、任务准备

1. 实训场地

（1）实训场地应明亮、卫生、整洁。

（2）实训车辆应停放在规定位置。

2. 实训器材

根据任务要求，准备好相关的实训器材，清点核对后将检查结果记录在表 5–5–4 中。

表 5–5–4　　实训器材清单

序号	名称	说明	检查结果
1	举升机		
2	工具车	配备常用工具	
3	零件车		
4	工作台		
5	维修手册	与实训车辆相匹配	
6	头灯		
7	车内四件套		

续表

序号	名称	说明	检查结果
8	车外三件套		
9	故障诊断仪		
10	万用表		
11	安全帽		
12	抹布		
13	车轮挡块		

3. 安全防护

（1）实训人员应着工装。

（2）实训车辆必须做好防护措施，确保车辆举升安全可靠。

（3）操作过程应规范、标准，设备使用应严格遵守操作规程，注意人身和设备安全。

三、任务实施

表 5–5–5　　轮速传感器的检查

<table>
<tr><td>班级</td><td></td><td>姓名</td><td colspan="2"></td></tr>
<tr><td colspan="5">一、车辆信息</td></tr>
<tr><td>车型</td><td colspan="2"></td><td>VIN 码</td><td></td></tr>
<tr><td>行驶里程</td><td colspan="2"></td><td>外观检查</td><td></td></tr>
<tr><td colspan="5">二、操作过程</td></tr>
<tr><td>序号</td><td colspan="2">操作内容</td><td colspan="2">情况记录</td></tr>
<tr><td>1</td><td colspan="2">车辆安全防护</td><td colspan="2">车轮挡块：
车外三件套：
车内四件套：
驻车制动、挡位：
车辆举升位置：</td></tr>
<tr><td>2</td><td colspan="2">连接故障诊断仪，读取故障码</td><td colspan="2">使用工具：
连接步骤：
故障码：</td></tr>
<tr><td>3</td><td colspan="2">拔下轮速传感器插头</td><td colspan="2">使用工具：</td></tr>
</table>

续表

序号	操作内容	情况记录
4	取下轮速传感器	注意事项：
5	检测轮速传感器电阻	检测顺序： 电阻值：
6	安装轮速传感器	安装顺序：
7	读取数据流，检查轮速传感器工作性能	检查方法： 数据流：
8	按照“8S”管理规定整理实训场地	
三、任务总结		
（对任务完成情况、技术要点、操作注意事项、存在问题等进行总结）		

四、考核评价

表 5–5–6　　考核评价表

班级				姓名		
序号	项目	内容	评价标准	配分	评价记录	得分
1	任务准备	实训场地	1. 实训场地明亮、卫生、整洁 2. 实训车辆停放在规定位置	2		
		实训器材	正确检查工具	1		
			正确检查仪器设备	1		
			工具、仪器设备摆放规范	1		

续表

序号	项目	内容	评价标准	配分	评价记录	得分
1	任务准备	安全防护	着装规范	1		
			规范安装车内四件套	2		
			规范安装车外三件套	2		
2	任务实施	轮速传感器的检查	正确连接故障诊断仪	10		
			正确读取故障码	10		
			正确拔下轮速传感器插头	10		
			正确取下轮速传感器	10		
			正确检测轮速传感器电阻	10		
			规范使用万用表	5		
			正确安装轮速传感器	10		
			正确读取数据流	10		
			正确检查轮速传感器工作性能	10		
3	职业素养	“8S”管理	能遵循“8S”管理规定	5		
4	安全生产	1. 因违规操作导致工具、设备损坏，扣10分 2. 因违规操作导致触电、火灾和其他安全事故，以及设备重大损坏，记0分				
总评						

教师签名：　　　　　　　　　　　　考核日期：